Ethica en ethologie : Spinoza's leer der affecten en de moderne psycho-biologie

Joannes Juda Groen

DIE METAPHYSIK DER ETHIK SPINOZAS IM QUELLENLICHTE DER KABBALAH.

Von

Dr. S. Gelbhaus,

Rabbiner der israelitischen Kultusgemeinde Wien,
Lektor am Wiener Bethamidrasch.

Wien-Brünn.

Jüdischer Buch- und Kunstverlag, Max Hickl.
1917.

Druck von Adolf Holzhausen in Wien.

Die Ethik.

Die Ethik ist das Hauptwerk Spinozas. Hätte er diese nicht geschrieben, so wäre er wenig gekannt oder ganz unbekannt geblieben. Nicht der theologisch-politische Traktat, noch die Bearbeitung der Prinzipienlehre des Cartesius hätten seinen Namen auf die Nachwelt gebracht. Erst diese große Forschung verschaffte ihm eine der hochragendsten Stellungen auf dem Gebiete der Philosophie. Dazu trug nicht wenig die Form, in welcher sie abgefaßt wurde, nämlich die mathematische, bei. Der Verfasser bezeichnet sie als «Ethica ordine geometrico demonstrata». Diese Methode hat durch ihre seltsame, ungewöhnliche Art großes Aufsehen erregt, weil dadurch das Vorurteil erweckt wurde, daß die Beweisführung die Überzeugungskraft der Mathematik besitze. Diese philosophische Darstellungsart ist aber nicht erst von dem Verfasser erfunden worden. Es gab eine ganze Reihe philosophischer Autoren, welche sich dieser Darstellungsart bedienten. Der Philosoph Proclus versuchte diese in seiner Schrift «Institutio theologica» anzuwenden. Er stellt philosophische Ideen wie mathematische Lehrsätze reihenweise nebeneinander, läßt ihnen Beweise folgen und zieht dann die Konsequenzen aus ihnen. In späteren Jahrhunderten haben Alanus ab Insulis und Duns Scotus philosophische Themen geometrisch bearbeitet, Languet und Henning (16. Jahrhundert) fordern, daß staatswissenschaftliche Forschungen in geometrischer Form dargestellt werden sollen. Ihre Schriften aber, meint Freudenthal in seinem «Spinoza» S. 113, hat Spinoza so wenig gekannt wie die «Institutio» des Proclus. Indessen ist es mehr als wahrscheinlich, daß Cartesius' Antworten auf die zweite Einwendung und Geulinx' «Methodus inveniendi argumenta», die in mathematischer Form abgefaßt sind, auf die Gestaltungsart der Ethik eingewirkt haben.

Über die Bedeutung der geometrischen Darstellung für den Ideeninhalt der Ethik bemerkt Kuno Fischer in seinem «Spinoza» S. 345: «Wir meinen nicht etwa, daß er (Spinoza) dem vorausgesetzten Schema der mathematischen Methode erst sein System angepaßt habe, vielmehr nötigte ihn die Natur seines Denkens und seiner ganzen Anschauungsweise, gerade diese Richtschnur zu ergreifen. Aber nachdem aus dem Grundgedanken seiner Lehre die mathematische Methode motiviert worden, so dürfen wir auch von ihr aus den Bau des Ganzen betrachten. Wenn das Weltall in der Form der mathematischen Methode begriffen werden soll, so wird die Verfassung und Ordnung der Dinge mit derselben übereinstimmen und die Natur so handeln müssen, wie es der mathematischen Denkweise einleuchtet. Es geschieht dann nichts, das nicht mathematisch bewiesen werden kann. Was geschieht, ist notwendig, wie die Sätze der Mathematik. Was in der Natur der Dinge notwendig geschieht, muß in der Erkenntnis der Dinge als ein Satz bewiesen werden können, welcher notwendig folgt. Was in dem System dieser notwendigen Folgerungen keinen Platz finde, findet auch keinen in der Ordnung der Dinge: das existiert nicht in der Weltanschauung Spinozas und kann in Wahrheit weder sein noch gedacht werden». Nach dieser Auseinandersetzung ist in der Ethik die mathematische Methode von dem ganzen Inhalt des Systems unzertrennlich. Sie bilden beide ein unteilbares Ganzes. Hingegen war schon früher Adolf Trendelenburg anderer Ansicht. In seiner akademischen Abhandlung «Über Spinozas Grundgedanken und dessen Erfolg», S. 14 bemerkt er: «Spinoza überschreibt sein System ethica ordine geometrico demonstrata und bildet in der methodischen Form die Elemente des Euklides nach. Wie er überhaupt die mathematische Notwendigkeit sucht, so bringt er sie in der geschlossenen Gestalt der geometrischen Methode zur Darstellung. Der Leser hat daher den großen Vorteil, daß es ihm an jedem Punkte leicht wird, in der Verkettung der Beweise von Glied zu Glied bis zur ersten Befestigung zurückzugehen und die Strenge der Verknüpfung zu überwachen. Auch jene Darstellungsweise, deren Schmuck das Schmucklose ist, und der eigentliche Ausdruck, der immer die Sache trifft, sind Tugenden, welche dem geometrischen Vorbilde entsprechen. Aber in der Absicht der Anlage liegt mehr. Es soll die metaphysische Ableitung zu derselben Bündigkeit geführt werden, deren die geometrische Beweisführung fähig ist. Es fragt sich indessen, ob nach der Natur der Sache die geometrische Methode des Euklides zum Paradigma der metaphysischen und philosophischen werden kann. Es treten dabei sogleich wesentliche Unterschiede hervor. Die Geometrie geht von einer Anzahl Axiomen und Postulaten aus und unbekümmert um die Einheit des Ursprunges überläßt sie ihre Erörterung einem Fremden, der philosophischen Betrachtung. Wenn indessen die Lehre des Spinoza, welche mehr als irgend eine auf die Einheit gerichtet ist, mit zerstreuten vorausgesetzten Axiomen beginnt, wenn darin selbst Begriffe wie z. B. die Kausalität (eth. I, def. 3. 4) aufgenommen sind: so fragen wir umsonst, wohin denn die Erörterung dieser Axiome führen soll. Spinoza hebt ferner mit Definitionen an, wie z. B. der causa sui, der Substanz, des Attributs usw., wie Euklides mit den Definitionen der einfachsten ebenen Figuren anfängt. Indessen haben bei Euklides die Definitionen früher gar keinen Wert und gar keine Anwendung, als bis er ihre reale Möglichkeit nachgewiesen, bis er sie konstruiert hat. Bei Euklides wird z. B. das Quadrat schon Buch 1, Dif. 30 erklärt, aber es ist für das System noch gar nicht da, bis am Schlusse des ersten Buches, wo es, nach dem die Lehre von den Parallelen vorangegangen ist, konstruiert wird (Satz 46). Die Evidenz hängt von der Konstruktion der Definition ab. Spinoza müßte, um dieselbe Evidenz zu erreichen, die von ihm definierten Begriffe konstruieren können. Erst dadurch würde die Vorstellung gegen *Erdichtung* gesichert; erst dadurch würde die *reale* Möglichkeit der Definition verbürgt. Spinoza behandelt indessen seine Erklärungen, die eigentlich nur *Namenserklärungen* sind, sogleich als solche Sacherklärungen, welche die Gewähr ihrer Wirklichkeit in sich selbst tragen... Ihm fehlen, da es sich um die letzten metaphysischen Mittel handelt, die Mittel der Konstruktion und er setzt daher in seinen Definitionen stillschweigend voraus, was Euklides bei den seinigen erst werden läßt und beweist». Bei näherer Betrachtung ist überhaupt ersichtlich, daß die mathe= matische Methode *keinen* immanenten Bestandteil der Lehre der Ethik bildet: denn Spinoza hat ja auch die Prinzi= pienlehre des Cartesius in geometrischer Form abgefaßt, von der der Herausgeber in der Vorrede ausdrücklich sagt, daß diese Doktrinen nicht die Lehren Spinozas selber sind, da *seine* Prinzipien von denen des Cartesius abweichen. Auch berichten seine Biographen, daß er eine hebräische Grammatik in geometrischer Form ab= fassen wollte. Aber Spinoza selbst stellt ja die mathe= matische Methode als *eine unter* anderen Methoden hin, welche zur Erkenntnis der Wahrheit führen können.

In seinem Anhange zum ersten Buche der Ethik bespricht Spinoza die Ursachen, die zur Einbildung der Zwecke bei den Menschen führen, und fährt dann fort: «Und bei dieser Denkweise würde wirklich die Wahrheit dem menschlichen Geschlechte ewig verborgen geblieben sein, wenn nicht die Mathematik, die sich nicht mit Zwecken, sondern ausschließlich mit der Natur und den Eigenschaften der Größen beschäftigt, den Menschen eine andere Richtschnur der Wahrheit gezeigt hätte, und es *ließen sich außer der Mathematik auch noch andere Ur= sachen*, deren Erörterung hier überflüssig sein würde (Et praeter mathesin aliae etiam adsignari possunt causae), bezeichnen, wodurch die Menschen zum Bewußtsein über jene gewöhnlichen Vorurteile und auf den richtigen Weg zur Erkenntnis der Dinge gebracht würden.»

Ein hervorragendes Merkmal *des Vortrages* der Ethik ist, daß der Verfasser in ihr *dogmatisch* verfährt. Während er in seinen Forschungen des Theologisch=politischen Traktates fortwährend Beweise für seine Be= hauptungen herbeizieht, sie durch viele Zutaten zu er= härten sucht, werden hier Lehren wie von einer erha= benen Höhe verkündet, fast möchte man sagen, *dikta= torisch* proklamiert. Sie werden als an und für sich un= zweifelhafte, unbestreitbare, gewisse Wahrheiten doziert. Sie erscheinen beinahe, als feierlich ausgesprochene Offenbarungen. Wohl kommen die Beweise nachher und der ganze schwerfällige Apparat der synthetischen Argumen= tation von Definitionen, Erläuterungen, Folgesätzen und Anmerkungen wird in Bewegung gesetzt. Aber der Haupt= ton ist der der *Dogmatik.* Es ist, als wenn die Lehre der Ethik die Beweise als wohlwollende Zugabe zu dem an sich für den geistig und philosophisch hoch= stehenden Beobachter Gewissen bieten würde. Diese *dog= matische* Struktur hat sie gemein mit der Vortragsweise der kabbalistischen Hauptwerke Sepher Jezira und Sohar (Buch des Erschaffens und der Glanz). In diesen Schriften, in welchen das System der Kabbalah (Geheimlehre) zum eklatantesten Ausdruck gelangt, ist der Vortrag durchaus diktatorisch, autoritativ unter= weisend, dogmatisch. Das «Buch des Erschaffens», welches als vom Patriarchen Abraham stammend be= zeichnet wird, will uralte hohe Lehren und tiefsinnige Geheimnisse über die höchsten Probleme des Geistes mitteilen. Die Methode der Belehrungen ist die einer gesetzgeberischen Doktrin. Es wird sogar ähnlich der Mischnasammlung in sechs *Normalabschnitte* (פְּרָקִים Pe‑ rakim) geteilt. In dem «Sohar», in welchem das «Buch der Geheimnisse»*) den ältesten Teil bildet, wird größ‑ tenteils ebenso verfahren. Treffend charakterisiert A. Frank in seinem Buche «Die Kabbalah», deutsch von A. Jellinek, die drei Hauptfragmente desselben. Er schreibt: «Man findet in denselben bald in allegorischer Form, bald in einer metaphysischen Sprache eine zusammenhängende und pomphafte Beschreibung der göttlichen Attribute, der verschiedenen Manifestationen derselben, der Art und Weise, wie die Welt gebildet worden, und der Bezie‑ hungen, die zwischen Gott und dem Menschen bestehen. Nie werden dort die Höhen der Spekulation verlassen, um in das äußerliche und praktische Leben herabzu‑ steigen, um die Betrachtung des Gesetzes oder der reli‑ giösen Zeremonien zu empfehlen. Nie stößt man dort auf einen Namen, eine Tatsache oder auch nur auf einen Ausdruck, der die Echtheit dieser Blätter, in denen die originelle Form dem erhabenen Gedanken noch einen größeren Wert verleiht, in Zweifel ziehen möchte. Immer ist es der Lehrer, welcher spricht und der keine andere Methode anwendet, um seine Zuhörer zu über‑ zeugen, als die der Autorität. Er beweist nicht, er erklärt nicht, er wiederholt nicht die Lehren anderer, sondern er tut Aussprüche und jedes seiner Worte wird wie ein Glaubensartikel aufgenommen».

---

*) ספרא דצניעותא Siphra Dizniuta.

Diese Ähnlichkeit des Vortrages ist keine zufällige, Spinoza steht in vieler Beziehung unter dem Einflusse der kabbalistischen Lehren. Schon im Jahre 1699 verfaßte der theologische und philosophische Forscher Georg Wachter eine Schrift, genannt «Der Spinozismus im Jüdentumb», in welcher er auf eigentümliche Weise Beziehungen zwischen den Lehren der Kabbalah und denen Spinozas nachzuweisen sucht. Diese Schrift verfolgt die Tendenz, die Kabbalah herabzusetzen und sie durch die, wie er behauptet, minderwertige und atheistische Lehre Spinozas, mit der sie Ähnlichkeit hat, zu diskreditieren. Die Arbeit Wachters ist ganz wertlos, weil er die Kabbalah überhaupt nicht kannte, und was er durch die «Kabbalah denudata» (von Rosenrot) wußte, mißverstanden hatte. Auch ist Wachter später von seiner abfälligen Beurteilung der Kabbalah zurückgekommen und hat ihr anerkennendes Lob gespendet. Leibniz weist ebenfalls in seiner «Theodicee» auf die Beziehung zwischen der Lehre Spinozas und der Kabbalah hin. Aber auch dem großen Philosophen fehlte eine genaue Kenntnis der kabbalistischen Literatur, wesshalb seine Hinweise unfruchtbare sind. Senior Sachs in seinem hebräischen Jahrbuche «Kerem chemed» und Salomon Rubin in seinen Bemerkungen zu seiner hebräischen Übersetzung der «Ethik Spinozas» machen auf manche Aussprüche Spinozas in rationeller Weise aufmerksam, die an kabbalistische Sätze anklingen, Trendelenburg, M. Joël und Kuno Fischer weisen strikte die Berührung der spinozistischen Lehre mit der der Kabbalah zurück. Sie begründen ihre Behauptungen damit, daß

Spinoza selber über die Kabbalah wegwerfend sich ge=
äußert habe, wonach es doch nicht anzunehmen ist, daß
er von ihren Lehren sich habe beeinflussen lassen können.
Im Theologisch=politischen Traktat c. IX schreibt er:
«Auch habe ich einige *Plaudereien* der Kabbalisten ge=
lesen etc.» Legi etiam et insuper novi nugatores aliquos
cabalistas quorum iusaniam numquam mirari satis potui.

Diese die Exegese betreffende Äußerung Spinozas
bezieht sich auf seine zeitgenössischen Verfasser von
Büchern über Buchstabenkontraktion צירוף איתיות שמית,
welche Disziplin er wahrscheinlich nicht genügend
kannte, da sie nur durch *mündliche* Tradition erlernt
werden konnte, wozu er wahrscheinlich keine Gelegen=
heit hatte.

Allein es sind mehrere Gründe vorhanden, welche
die Abhängigkeit der spinozistischen Lehren von dem bib=
lisch=rabbinischen, inklusive kabbalistischen Schrifttume
dartun. In seinem XXI. Brief schreibt Spinoza: «Wenn
ich sage, daß alles in Gott sei und in ihm sich bewege, so
sage ich nichts Neues, sage ich mit anderen Worten das=
selbe, was Paulus und auch vielleicht alle Philosophen
des Altertums, und wenn man die Behauptung wagen
darf, alle *alten* Hebräer ausgesprochen haben, insoweit
man nämlich den vielfach verfälschten Überlieferungen
glauben darf.» Omnia inquam in Deo esse et in Deo
moveri cum Paulo affirmo, et forte etiam cum omnibus
antiquis philosophis, licet alio subdo, et auderem
etiam dicere, cum antiquis omnibus Hebraeis, quantum
ex quibusdam traditionibus tam=etsi, multis modis adul=
teratis conjicere licet.

Unter allen Hebräern, «omnibus Hebraeis», sind unstreitig viele, wenn nicht der allergrößte Teil der alten jüdischen Literatoren zu verstehen, zu denen die kabbalistischen Schriftsteller in hervorragender Weise gehören. In der Ethik pars II, propos. 7 Schol., schreibt er: «Dieses scheinen einige Hebräer gleichsam wie durch einen Nebel gesehen zu haben, wenn sie behaupten, daß *Gott*, die göttliche *Intelligenz* und die von ihr wahrgenommenen Dinge ein und dasselbe seien.» «Quod quidam Hebraeorum quasi per nebulam vidisse videntur qui scilicet statunt, Deum, Dei intellectum resque ab ipso intellectas unum et idem esse.» Dieses stimmt in der Hauptsache mit der Lehre des Kabbalisten Moses Cordovero, Erklärer des «Sohar», in seinem «Pardes Rimonim», Blatt 55a überein, da heißt es: «Das Wissen des Schöpfers ist verschieden von dem Geschöpfe, denn bei den Geschöpfen ist das Wissen vom gewußten Gegenstand unterschieden und führt auf Gegenstände hin, die von ihm unterschieden sind. Dieses wird durch folgende drei Worte bezeichnet: der Gedanke, der Denkende und das Gedachte. Der Schöpfer hingegen ist selbst die Erkenntnis, der Erkennende und das Erkannte. Seine Erkenntnisweise besteht wirklich nicht darin, daß er sein Denken auf Dinge, die außer ihm sich befinden, richtet; indem er sich selbst erkennt und weiß, erkennt und weiß er auch alles, was da ist. Es ist nichts vorhanden, das nicht mit ihm vereinigt wäre und das er nicht in seiner eigenen Wesenheit finden sollte. Er ist das Urbild alles Seins und alle Dinge sind in ihm in ihrer reinsten und vollendetsten Form, so daß die Vollkommenheit der Geschöpfe gerade in der Existenz besteht, durch welche sie sich mit dem Urquell ihres Seins vereinigt finden und nach dem Maße, als sie sich von ihm ent= fernen, sinken sie auch von seinem vollkommenen und erhabenen Zustand herab.»

Diese Doktrin Cordoveros ist nur eine nähere Aus= einandersetzung des im Sepher Jezira, «Buch des Er= schaffens», statuierten Postulats Sopher, sapper und Sippur. Aber noch ein anderer Umstand spricht dafür, daß der Verfasser der Ethik kabbalistische Schrif= ten gekannt, studiert und höchstwahrscheinlich wür= digend benützt hat. Er war spanischer Abkunft. Fast die gesamte kabbalistische Literatur im Mittelalter und im Anfange der Neuzeit ist in Spanien entstanden, und wenn in anderen Ländern kabbalistische Schriften ver= faßt wurden, so waren es größtenteils spanische Juden, welche ihre Autoren waren. In diesen Kreisen galt die Kabbalah als die höchste Wissenschaft, welche zuweilen sogar höher als die talmudischen Disziplinen und die Phi= losophie gestellt wurde. Dort lehrten und wirkten die Kabbalisten Esra, Moses ben Nachman, Todros ben Josef Abulafia, Bechaje ben Ascher, Isak ben Latif, Abraham Abulafia, Abraham Gekatilia, Moses de Leon und viele andere. In Amsterdam, der Heimat Spinozas, trieb das Studium der Kabbalah üppige Blüten. Zu den Lehrern Spinozas gehörten die Kabbalisten Morteira und Manasse ben Israel. Spinoza hat ein Alter von 44 Jahren erreicht. Er war für den Rabbinerstand bestimmt, stu= dierte bis zu seinem 24. Lebensjahre fast ausschließlich Talmud, Dezisoren, die Bibel und ihre Kommentare.

Auch jüdische philosophische Schriften hat er gelesen.
Um das Amt eines Rabbiners zu erlangen, war eine um=
fangreiche Kenntnis des ganzen rabbinischen Schrifttums
von den Gemeinden nachsichtslos gefordert. Spinoza galt,
wie seine Biographen berichten, als eine Leuchte in Israel.
Es wird zwar nicht mitgeteilt, daß er kabbalistische Studien
betrieben hätte, aber bei dem großen Ansehen, in welchem
die Kabbalah stand, ist mit höchster Wahrscheinlichkeit
anzunehmen, daß Spinoza sich mit denselben eingehend
befaßt habe. Noch kurz bevor er Amsterdam und die
Judengemeinde verließ, hat er sich in der dortigen Syn=
agoge mit ritualen Dingen beschäftigt. Seine ganze
literarische Tätigkeit hat er in den darauffolgenden
20 Jahren entfaltet. Es ist daher eine psychologisch
notwendige Annahme, daß ihm bei seiner Gedankenarbeit
seine bisherige wissenschaftliche und theologische Be=
schäftigung im Geiste und im Gedächtnis gegenwärtig
war, und wenn man in seinen Schriften eine Verwandtschaft
mit rabbinischen und kabbalistischen Literaturprodukten
findet, so beruht diese nicht, wie man zu sagen liebt,
auf bloßen *Reminiszenzen*, sondern diese ist auf *direkte*
psychische und literarische Beeinflussung zurückzuführen.
Auch muß besonders betont werden, daß Spinoza
kein einziges Thema zum Gegenstande seiner Bearbeitung
gewählt hat, welches nicht in der biblischen, kabba=
listischen und rabbinischen Theologie vorhanden wäre.
Alle Objekte seiner Forschungen sind solche, welche
entweder im Pentateuch, in den Propheten und in den
übrigen Büchern der Heiligen Schrift oder im Talmud
Midrasch und der Kabbalah ausführlich besprochen werden.

Nicht geht er etwa wie die Eleaten, Heraklit, So=
krates, Plato und Aristoteles voraussetzungslos von
Fragen über die Natur, den Geist, den Weltgeist aus,
sondern von Aufgaben, welche die Religion und die
Religionsurkunden zur Lösung gestellt haben und welche
unzählige Male zu lösen versucht worden sind. Die
Gegenstände seiner Forschung sind *direkt* religions=
theoretisch, sein Theologisch=politischer Traktat hat ein
theologisch=philosophisches Thema zur Grundlage und
selbst die Ethik kann das theologische spekulative Schema
nicht vermeiden. Schon die ersten Überschriften der
Teile derselben zeigen dieses deutlich. Sie heißen:
Von Gott, Von der Natur und dem Ursprung des
Geistes, Themen, die auch von anderen Religionsphilo=
sophen zur Erörterung gestellt werden konnten. Die=
jenigen befinden sich auf einer falschen Fährte und führen
die Spinozaforschung direkt in die Irre, welche be=
haupten, daß der Verfasser der Ethik von den rabbi=
nischen Lehren sich ganz entfernt und anderen Mei=
nungen sich zugewandt hat, aus denen er sich dann sein
eigenes System bildete. Auch ist es ganz falsch, wenn
man ihn so darstellt, als hätte er durch eine Sinnes=
änderung alle seine früheren Gedanken aufgegeben oder
förmlich seine Ideen auszumerzen gestrebt. Er hat sich
ja nicht selbst von seiner jüdischen Umgebung freiwillig
entfernt. Er wurde exkommuniziert und war, wie die
Biographen berichten, am Leben bedroht. Er ist der
Gewalt gewichen und mußte Amsterdam verlassen.
Wenn er auch über seine Bedränger erbittert war, so
war dieses doch keine Ursache, seine langjährigen Ge=

danken über Bord zu werfen. In der Welt der Ideen
gibt es keine Schranken, welche durch Gefühle und Em=
pfindungen entstehen. Er hat konsequentermaßen seine ab=
geklärten, von Leidenschaften und Leiden unbeeinflußten
philosophischen Spekulationen in den neuen Verhältnissen
fortgesetzt. Es wurde auch nicht ohne Ironie von ihm ge=
sagt: «Er habe viel gedacht und wenig gelesen». Andere
wollen ihn von den Scholastikern, von Bacon, von
Cartesius, Chasdai Creskas etc. abhängig sein lassen.
Sigwart (Übersetzung, Prolog III, 1, S. XXXVIII) be=
merkt, daß der Begriff der unendlichen, allumfassenden
Natur für Spinoza kein erst abgeleiteter Gedanke, son=
dern eine Grundanschauung ist, daß wir darin eine *Über=
lieferung* erkennen müssen, von welcher Spinoza aus=
geht, nicht einen Gedanken, den er erst durch eigene
Arbeit gewinnt. Indessen ist es kaum zweifelhaft, daß
Spinoza wohl sehr viel gelesen hat, und zwar, wie aus
seinen eigenen Zitaten hervorgeht, eine ansehnliche Reihe
nicht=jüdischer Werke, hauptsächlich aber die rabbinischen,
philosophischen und kabbalistischen Schriften. Die lei=
tenden Gedanken seiner Spekulationen oder ontologischen
Materien beruhen aber vorzugsweise auf den esoterisch=
kabbalistisch=philosophischen Theorien oder *auf der
mystischen Theosophie.* Es gab nämlich im Judentum
seit uralten Zeiten eine philosophische Doktrin über das
Wesen Gottes, über die Entstehung der Welt, über den
Weltgeist, über das menschliche Leben, über die Seele,
über die Vorsehung und über andere Materien, die man *die
altjüdische Theosophie nennen kann.* Die jüdische my=
stische Religionslehre, welche vorzugsweise im ספר יצירה

«Buch des Erschaffens». und im זהר «Glanz» enthalten
ist, lehrt, gestützt auf die Angaben der biblischen
Bücher, das Dasein eines einzigen höchsten Gottes, welcher Herr des Alls ist. Dieses besteht in einer großen
Mannigfaltigkeit und in einer ungeheuren Zahl von
Einheiten und Besonderheiten. Aber in allen herrscht eine
durchgängige Übereinstimmung, eine zentrale Harmonie,
weil sie alle von einem einzigen Prinzipe, von einer
einzigen höchsten Substanz herrühren. Dieses höchste
Wesen hat sich durch Attribute dem Verstande geoffenbart, welche *Sephirot*, Prinzipien oder Zuzählungen
genannt werden, deren bekannte Zahl zehn ist. Ein
jedes dieser Prinzipien (Sephirot) drückt das Wesen
Gottes auf ewige, unendliche Weise aus. Es gibt auch
andere Prinzipien, deren Zahlen sehr viele sind, die
aber vom Verstande nicht einmal annäherungsweise vor-
gestellt oder erfaßt werden können. In den zehn Attributen allein erfaßt der Verstand die alleinige einzige
Substanz, das ist die Idee des Wesens Gottes, dessen
Manifestationen die Objekte der Welt in ihren mannig-
faltigen Gestaltungen sind. Als ein sichtbares Zeichen der
Manifestation des einzigen Weltwesens für den menschlichen Geist ist das *Wort* oder die *Sprache*, welche
in zweiundzwanzig Buchstaben zum Ausdrucke kommt.
Die zehn Sephirot und die 22 Buchstaben, welche zusammen zweiunddreißig ausmachen, sind die zweiunddreißig geheimnisvollen Bahnen der Weisheit, durch
welche der Name Gottes gekannt wird.

Im «Buche des Erschaffens», Sepher Jezira C. I,
Satz 5, heißt es:

עשר ספירות בלימה, עשר ולא תשע, עשר ולא אחת עשרה,
הבן בחכמה וחכם בבינה בחן בהם וחקור בהם והעמד דבר על
בוריו והושב יוצר על מכונו.

«Es gibt zehn abstrakte Sephirot; zehn und nicht
neun, zehn und nicht elf; suche in deiner Weisheit und
in deiner Einsicht sie zu begreifen, denn deine For=
schungen, dein Sinnen, dein Trachten, deine Vorstel=
lungskraft haben es immer nur mit diesen zu tun. Stelle
die Dinge auf ihren Urgrund und setze den Schöpfer
auf seine Notwendigkeit.»

Die Attribute sind aber die einzige Möglichkeit
und Wirklichkeitsform des Daseins der Dinge für den
erfassenden Verstand, Capital I:

עשר ספירות בלימה, מדתן עשר שאין להן סוף, עומק
ראשית ועומק אחרית, עומק טוב ועומק רע, עומק רום ועומק תחת,
עומק מזרח ועומק מערב, עומק צפון ועומק דרום, ואדון יחיד אל
מלך נאמן מושל בכולם ממעון קדשו עד עדי עד.

«Für die zehn abstrakten Sephirot gibt es kein
Ende, weder in der Vergangenheit noch in der Zukunft,
weder im Guten noch im Bösen, weder in der
Höhe noch in der Tiefe, weder im Osten noch im
Westen, weder im Süden noch im Norden. Es gibt nur
einen Herrn Gott, den wahrhaften König, der über alle
regiert von seinem heiligen Aufenthalt immerdar.»

Die Sephirot, obwohl sie als individuelle Eigen=
schaften gedacht werden, sind dennoch unzertremlich
zusammenhängend, sie bilden eine lückenlose Kette, sie
sind die Ideen der Mannigfaltigkeit in der Einheit sowie
der Einheit in der Mannigfaltigkeit, die in dem höchsten
einzigen Wesen (Gott) ihre Existenz haben.

עשר ספירות בלימה, צפיתן כמראה הבזק ותכליתן אין
להן קץ ודברו בהן ברצוא ושוב ולמאמרו כסופה ירדפו ולפני
כסאו הם משתחוים.

«Der geistige Eindruck der zehn abstrakten
Sephirot ist wie der Eindruck der Blitzerscheinung, ihr
Ziel ist endlos, 'sein Wort ist in ihnen im Hin= und
Herschweben und auf sein Geheiß stürmen sie wie ein
Orkan einher und vor seinem Throne bücken sie sich.»

Ferner heißt es:

עשר ספירות בלימה, נעוץ סופן בתחלתן ותחלתן בסופן,
כשלהבת קשורה בגחלת שאדון יחיד ואין שני לו ולפני אחד
מה אתה מונה.

«Die zehn abstrakten Sephirot sind derart, daß ihr
Ende in ihrem Anfang steckt und ihr Anfang in ihrem
Ende, wie die Flamme an die Kohle gebunden ist, denn
der Herr ist einzig und es gibt keinen zweiten, denn
vor Eins was zählst du da?» — Es wird ausdrücklich und
feierlich hervorgehoben und eingeschärft, daß die zehn
Attribute nur als abstrakte zu denken sind und keine
irgendwie geartete sinnliche Auffassung vertragen.

Es heißt daselbst:

עשר ספירות בלימה, בלום פיך מלדבר ולבך מלהרהר
ואם רץ לבך שוב למקום שבך נאמר רצוא ושוב ואל דבר זה
נכרת ברית.

«Die zehn Sephirot sind abstrakt; verschließe
deinen Mund, daß er nicht rede, und dein Herz, daß es
nicht denke, und wenn dein Herz läuft, so kehre wieder
zur Stille zurück, deshalb wurde gesagt Laufen und Zu=
rückkehren und deswegen ist *der Bund geschlossen*
worden.»

Diesem Ideengange entsprechen manche Thesen und Erörterungen Spinozas in der Ethik.

Im ersten Teil, Definition 3, heißt es: Per substantiam intelligo id quod in se est et per se concipitur; hoc est id, cuius conceptus non indiget conceptu alterius rei a quo formari debeat. 4. Per attributum intelligo id quod intellectus de substantia percipit tanquam eiusdem essentiam constituens. 6. Per deum intelligo ens absolute infinitum hoc est substantiam constantem infinitis attributis quorum unumquodque aeternam et infinitam essentiam exprimit.

Definition 3: Unter Substanz verstehe ich das, was in sich ist und aus sich begriffen wird, das heißt das, dessen Begriff nicht des Begriffes eines anderen Dinges bedarf, um daraus gebildet werden zu können.

Definition 4: Unter Attribut verstehe ich das, was der Verstand von der Substanz als ihr Wesen ausmachend erkennt.

Definition 6: Unter Gott verstehe ich das absolut unendlich Seiende, d. h. die Substanz, die aus unendlichen Attributen besteht, von denen jedes ein ewiges unendliches Wesen ausdrückt.

Obwohl die Sephirot im «Buche des Erschaffens» noch keine prägnanten Namen haben, so werden denselben Erklärungen gegeben, von denen in der Ethik teilweise auch Anklänge sich finden. Besonders sind es die zwei ersten, welche bei Spinozas Thesen in Erinnerung, wenn auch in verschiedener Darbietung, kommen.

So heißt es Sepher Jezira, C. 1.

עשר ספירות בלימה. אחת, רוח אלהים חיים ברוך שמו,
קול ורוח ודבר הוא רוח הקדש. — שתים, רוח מרוח חקק וחצב
בה עשרים ושתים אתיות.

Die zehn abstrakten Sephirot.

«Die erste der Sephirot. Eins, ist der Geist des lebendigen Gottes, gepriesen sei sein Name, der in Ewigkeit thront, Stimme, Wort und Geist dieses ist der heilige Geist. Zwei, ist der Hauch, der vom Geiste kommt, in ihm hat er gezeichnet und eingeprägt zwei= undzwanzig Buchstaben.»

Hier sind bereits quasi im embryonischen Zustande die Haupteigenschaften der Substanz, Geist und Ma= terie, oder Denken und Ausdehnung vorhanden. Be= sonders die ersten zwei Sephirot drücken dieses deutlich aus. «Der Geist des lebendigen Gottes» ist doch ab= solut nichts anderes als der *denkende Geist*. «Der Hauch, der vom Geiste kommt und sichtbar in den zweiund= zwanzig Buchstaben erscheint», hat, zwar sehr dunkel mit= geteilt, etwas Anschauliches, Greifbares an sich.

Es ist aber höchstwahrscheinlich, daß in der Erklä= rung der zweiten Sephira die *Ausdehnung* direkt be= zeichnet wird, denn רוח bedeutet im biblischen Hebrä= isch unter anderem ausdrücklich *Richtung, Ausdeh= nung*. So heißt es Chronik I, C. 9, V. 24: לארבע רוחות יהיו השוערים «Nach vier Richtungen sollen die Tor= hüter sein.» Ezechiel 37, 9. מארבע רוחות בואי הרוח «Von vier Richtungen komme, o Wind!» Jeremias 49, 36: וזרתים לכל הרוחות האלה «Ich habe sie zerstreut nach allen diesen Ausdehnungen.»

Zacharijas 2, 10: מארבע רוחות השמים «Von den vier Richtungen des Himmels».

Demnach würde die Erklärung der zweiten Sephira etwa so lauten: «Zwei, Richtung (d. h. Ausdehnung) auf den Geist (d. h. auf die erste Sephira), folgend, in sie zeichnete er (Gott) zweiundzwanzig Buchstaben als Grund.» Diesen Definitionen entsprechen die Lehr= sätze 1 und 2 in der Ethik, II. Teil, S. 225 (Editio Bruder).

Propos: 1. Cogitatio attributum Dei est, sive Deus est res cogitans.

Das Denken ist ein Attribut Gottes, oder Gott ist ein denkendes Wesen.

Propos. 2. Extensio attributum Dei est sive, Deus est res extensa.

Die Ausdehnung ist ein Attribut Gottes, oder Gott ist ein ausgedehntes Wesen.

Die Lehren im «Buche des Erschaffens», von dem Dasein und der Einheit Gottes, die auch Spinozas sind, finden in der Ethik folgende metaphysische Begründungen: Pars. I. S. 190.

Propos. VI. Una substantia non potest produci ab alia substantia.

Demonstratio cet.

Propos. VII. Ab naturam substantiae pertinet existere.

Demonstratio cet.

Propos. XI. Deus sive substantia constans infinitis attributis quorum unumquoduqe aeternam et infinitam essentiam exprimit necessario existit.

Demonstratio cet.

Propos. XIII. Substantia absolute infinita est invi= dibilis.

Propos. XIV. Praeter Deum nulla dari neque con=
cipi potest substantia.

Scholl. I cet.

6. **Lehrsatz.** Eine Substanz kann nicht von einer
andern Substanz hervorgebracht werden.

Beweis: Es kann in der Natur nicht zwei Sub=
stanzen von demselben Attribute geben, die etwas unter=
einander gemein hätten, und deshalb kann die eine nicht
die Ursache der andern sein, oder eine kann nicht die
Ursache von der andern sein oder kann nicht von der
andern hervorgebracht werden.

Anderer Beweis: Dieser wird noch leichter durch
das anderseitige Gegenteil bewiesen; denn wenn die
Substanz von etwas anderem hervorgebracht werden
könnte, so müßte ihre Erkenntnis von der Erkenntnis
ihrer Ursache abhängen und demnach wäre sie nicht
Substanz. Pars. I.

7. **Lehrsatz.** Zur Natur der Substanz gehört das
Dasein.

Beweis: Die Substanz kann nicht von etwas ande=
rem hervorgebracht werden und daher Ursache ihrer selbst
sein, d. h. ihr Wesen schließt notwendig das Dasein in
sich oder zu ihrer Natur gehört das Dasein.

11. **Lehrsatz.** Gott oder die aus unendlichen
Attributen bestehende Substanz, von denen jede unend=
liches ewiges Wesen ausdrückt, ist notwendig da.

Beweis: Verneint man dieses, so nehme man mög=
licherweise an, daß Gott nicht da sei, also schließt sein
Wesen sein Dasein nicht ein. Nun ist dieses wider=
sinnig, folglich ist Gott notwendig da.

13. Lehrsatz. Die absolut unendliche Substanz ist unteilbar.

Beweis: Denn wäre sie teilbar, so behielten die Teile, in welche sie geteilt wurde, entweder die Natur der absolut unendlichen Substanz oder nicht. Wenn das erste gesetzt wird, so wird es also mehrere Substanzen von derselben Natur geben, was widersinnig ist. Wenn das zweite gesetzt wird, kann also (wie oben) die absolut unendliche Substanz zu sein aufhören, was nach Satz 11 auch widersinnig ist.

14. Lehrsatz. Außer Gott gibt es keine Substanz und läßt sich auch keine begreifen.

Erster Folgesatz:

Hieraus folgt auf das klarste: erstens, daß Gott einzig ist, d. h. nach Def. 6, daß es in der Natur nur eine Substanz gibt und daß diese notwendig unendlich ist, wie wir in der Anmerkung zum Lehrsatz 10 schon angedeutet haben.

Zweiter Folgesatz:

Es folgt zweitens, daß das *ausgedehnte Etwas* und das *denkende Etwas* entweder Attribute Gottes oder Affektionen der Attribute Gottes sind.

In dem «Buche des Erschaffens» ist zwar die erhaltene *älteste*, aber nicht *alleinige* Lehre der kabbalistischen Spekulation enthalten. Der Sohar «Glanz» ist das eigentliche Kompendium, in welchem dieses System am vollständigsten vorgetragen wird. In demselben haben die Sephirot bereits ausgeprägte Namen. Es werden ihr Wesen und ihre Beschaffenheit angegeben, ihr Verhältnis zur Gottheit wird charakterisiert und auch ihre Entstehung wird beschrieben. Die Ursachen ihres Daseinsgrundes werden in zwiefacher Weise angegeben: in einer poe‚tischen und in einer ontologischen Form.

Im II. Teil des Sohar, folio 42 b und 43 a, heißt es:

אל מי תדמיוני ואשוה דהא קדם קב״ה דיוקנא בעלמא צייר צורה הוה הוא יחידאי בלא צורה ודמיון ומאן דאשתמודע ליה קדם בריאה דאיהו לבר מדיוקנא אסור למעבד ליה צורה דיוקנא בעלמא לא באות ה׳ ולא באות י׳ ואפילו בשמא קדישא ולא בשום אות ונקודה בעלמא והאי איהו כי לא ראיתם כל תמונה מכל דבר דאית ביה תמונה ודמיון לא ראיתם אבל בתר דעביד האי דיוקנא דמרכבה דאדם עלאה נחית תמן ואתקרי בהא דיוקנא יד״וד בגין דישתמודעון ליה במדות דיליה בכל מדה ומדה קרא, אל, אלהים, שדי, צבאות, אד״יד בגין דישתמודעון ליה בכל מדה ומדה איך יתנהג בעלמא בחסד ובדינא כפום עובדיהון דבר נשא דאי לא יתפשט נהוריה על כל בריין איך ישתמודעון ליה איך יתקיים מלא כל הארץ כבודו. ווי ליה דישוה ליה לשום מדה ואפילו מאלין מדות דיליה כ״ש לבני האדם אשר בעפר יסודם, דכלים ונפסדים. אלא דמיונא דיליה כפום שלטנותיה על ההיא מדה ואפילו על כל בריין ולעילא מההיא מדה וכד אסתליק מינה לית ליה מדה ולא דמיון ולא צורה כגוונא דימא דלית במיא דימא דנפקי מיניה תפיסי כלל ולא צורה אלא באתפשטותא דמיא דימא על מאנא דאיהו ארעא אתעביד דמיון. ויכילנא למעבד חושבן תמן כגון המקור דימא הא חד דנפיק מיניה מען כפום אתפשטיתא דיליה בהיא מאנא כעגולא דאיהי י׳ הא מקור חד. ומעין דנפיק מיניה הא תרין. לבתר עבד מאנא רברבא כגון מאן דעביד חפירה רברבא ואתמלי מן מיא דנפיק מן מעין הא מאנא אתקרי ים. והוא מאנא תליתאי. והא מאנא רברבא ואתפלג לז׳ נחלין כפום מאנין אריכין. הבי אתפשט מיא מן ימא לשבעה נחלין והא מקור ומעין וימא וז׳ נחלין אינון י׳ ואי יתבר אומנא אלין מאנין דתקין יהדרין מיא למקור וישתארו מאנין תבירין יבשין בלא מיא.

הכי עלת העלות עבד עשר ספירות וקרא לכתר מקור
ובית לית סוף לנביעו דנהורוה ובגין דא קרא לנרמיה אין סוף.
ולית ליה דמות וצורה ותמן לית מאנא למתפס ליה למנדע ביה
ידיעה כלל ובגין דא אמר במופלא ממך אל תדרוש ובמכוסה
ממך אל תחקור. לבתר עבד מאנא זעירא ודא י׳. ואתמלייא מינה
וקרא ליה מעין נובע חכמה וקרא גרמיה בה חכם ולהאי מאנא
קרא ליה חכמה, ולבתר עבד מאנא רברבא וקרא ליה ים וקרא
ליה בינה וקרא לנרמיה מבין בה חכם מעצמו ומבין מעצמו
כי החכמה איהי לא אתקריאת חכמה מגרמה אלא בגין ההוא
חכם דאתמלי ליה מנביעו דיליה. ואיהי לא אתקריאת בינה מגרמה
אלא על שם ההוא מבין דאתמלי לה מניה דאי הוה מסתלק
מנה אשתראת ויבשה הה״ד אזלו מים מעי ים ונהר יחרב ויבש.
לבתר והכהו לשבעה נחלים ועביד לז׳ מאנין יקרין. וקרא לון:
גדולה, גבורה, תפארת, נצח, הוד, יסוד, מלכות, וקרא גרמיה
גדול בגדולה וחסיד. גבור בגבורה מפואר בתפארת, מארי נצחין
קרבין בנצח נצחים ובהוד קרא שמיה הוד יוצרינו, וביסוד קרא
שמיה צדיק. ויסוד כלא סמיך ביה כל מאנין וכל עלמין. ובמלכות
קרא שמיה מלך. ולו הגדולה והגבורה והתפארת והנצח וההוד,
ולו הממלכה דאיהו מלכנת כלא ברשותיה למחסר במאנין
ולאוספא בהון נביעו כפום רעותיה ביה. ולית עליה אלהא דיוסיף
ביה או יגרע ביה.

«Mit wem könnt ihr mich vergleichen, dem ich
gliche? Bevor er (Gott) irgendeine Gestalt dieser Welt
geschaffen, bevor er irgend ein Bild hervorgebracht,
war er allein ohne Bild und ohne mit etwas anderem
Ähnlichkeit zu haben. Wer könnte ihn nun begreifen,
wie er vor der Schöpfung gewesen, da er gestaltlos war?
Es ist daher auch verboten, ihn unter irgendeinem
Bilde, unter irgendeiner Gestalt, ja sogar durch seinen

heiligen Namen, durch einen Buchstaben oder durch einen Punkt darzustellen. Darauf zeigen auch folgende Worte: Ihr habt keine Gestalt gesehen, als der Ewige mit euch sprach, d. h., ihr habt nichts gesehen, das ihr unter irgendeiner Gestalt oder einem Bilde darstellen könntet. Nachdem er aber die Gestalt des himmlischen Menschen geschaffen hatte, bediente er sich derselben wie eines Wagens, um herabzusteigen, er wollte nach dieser Gestalt genannt werden, welcher der heilige Name *I H W H* ist, er wollte, daß man ihn nach seinen Attributen besonders kenne, und er ließ sich Gott der Gnade, Gott der Gerechtigkeit, Allmächtiger Gott, Zebaoth und der Seiende nennen. Er beabsichtigte dadurch, daß man seine Eigenschaften kenne und wisse, wie seine Gnade und Barmherzigkeit sich sowohl auf die Welt, als auf die Handlungen erstrecken. Denn hätte er nicht sein Licht über alle seine Geschöpfe ausgebreitet, wie könnten wir ihn kennen? Wie könnte in Erfüllung gehen: Die Welt ist voll seiner Herrlichkeit? Wehe dem, der ihn selbst mit dessen eigenen Attributen vergleicht, *geschweige denn mit einem Menschen, der von der Erde gekommen und dem Tode anheimfällt.* Man muß ihn erhaben über alle Geschöpfe und alle Attribute denken. Wenn man ihn nun aller dieser Dinge entkleidet, ihm kein Bild, noch eine Figur gelassen hat, so gleicht das Übrige einem Meere, denn die Gewässer des Meeres sind an und für sich grenz- und formlos, nur wenn sie sich über die Erde verbreiten, wird ein Bild hervorgebracht. Wir können nun folgende Rechnung machen: Die Quelle der Meereswasser und der Wasserstrahl, der aus ihr hervorgeht, sind *zwei*, dann bildet sich ein großer Wasserbehälter, wie wenn man eine große Höhlung gräbt; dieser Wasserbehälter wird Meer genannt und ist das dritte. Diese unermeß‹ liche Tiefe teilt sich in sieben Bäche, die sieben langen Gefäßen gleichen. Die Quelle, der Wasserstrahl, das Meer und die sieben Bäche sind zusammen zehn. — Und wenn der Meister diese Gefäße, die er gemacht, zerbricht, so kehren die Wasser zur Quelle zurück und es bleiben bloß die Trümmer dieser Gefäße ausgetrocknet und ohne Wasser zurück. Auf diese Weise hat die Ursache der Ursachen zehn Sephirot geschaffen. Die *Krone* ist die Quelle, aus der ein unendliches Licht hervorströmt, und daher kommt der Name des *Unendlichen· Ein ‹ Sof*, wodurch die höchste Ursache bezeichnet wird; denn da hat sie weder Form noch Gestalt, da gibt es weder ein Mittel, sie zu begreifen, noch eine Weise, sie zu kennen. Darum heißt es auch: «Denke nicht nach über das, was vor dir verborgen ist.» Dann entsteht ein Gefäß, das so klein ist wie ein Punkt (wie der Buchstabe i), das aber vom göttlichen Lichte erfüllt wird, dieses ist die Quelle der Weisheit, die Weisheit selber, nach der die höchste Ursache «Weiser Gott» sich nennen läßt. Hier‹ auf machte sie ein großes Gefäß gleich dem Meere, dieses wurde der Verstand genannt, daher kommt der Name Verständiger Gott.— *Doch muß bemerkt werden, daß Gott verständig und weise durch sich selbst ist, denn die Weisheit verdient ihren Namen nicht durch sich selbst, sondern durch den Weisen, der sie mit dem Lichte, das aus ihm geflossen, erfüllt hat, sowie der*

Verstand nicht durch sich selbst, sondern durch ihn begriffen werden kann, der verständig ist und ihn mit seiner eigenen Substanz erfüllt hat. Gott braucht sich nur zurückzuziehen und er wäre ausgetrocknet. Das ist auch der Sinn folgender Worte: Die Wasser sind aus dem Meere geschwunden und das Bett wird trocken und dürre. Endlich teilt sich das Meer in sieben Bäche und es gehen die sieben kostbaren Gefäße hervor, die man die *Gnade* oder die Größe, das *Gericht* oder die Stärke, die *Schönheit*, den Triumph, die Glorie, das Reich und den *Grund* oder die *Basis* nennt (Jellinek bemerkt hiezu, gewöhnlich wird der Grund als die vorletzte und das Reich als die letzte Sephira angenommen), darum wird er der Große oder der Gnädige, der Starke oder der Herrliche, der Gott der Siege, der Schöpfer, dem aller Ruhm gebührt, und die Basis aller Dinge genannt. *Auf das letzte Attribut (יסוד) stützen sich alle* anderen sowie die Welten. Endlich ist er auch der König des Weltalls, denn alles ist in seiner Macht. Er kann die Zahl der Gefäße und das Licht, das hervorströmt, vermehren oder das Gegenteil bewirken, je nachdem es ihm beliebt.»[*]) Wir lassen hier eine Tabelle der zehn Sephirot folgen, wie sie in diesem hier gegebenen Zusammenhange vorstellbar ist. Eine solche Darstellung wird in den kabbalistischen Werken, besonders im Sohar, der Baum der Kabbalah genannt.

---

*) Die Übersetzung ist von Frank-Jellinek in Franks Buch «Die Kabbalah» (S. 125—127).

אילן הקבלה.

Der Baum der Kabbalah.

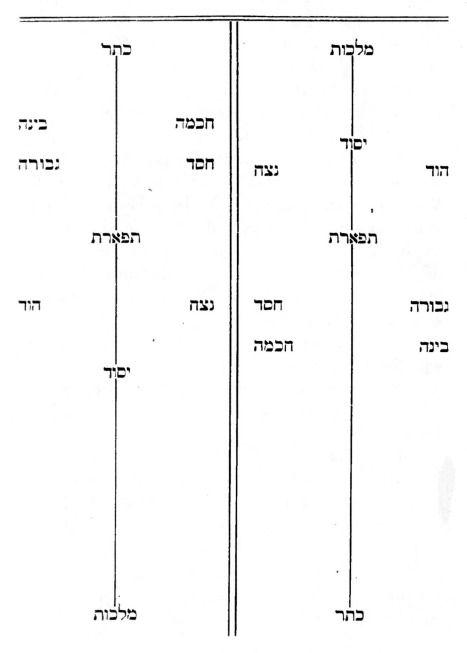

Hier, wo die Sephirot schon mit prägnanten Namen bezeichnet werden, tritt der Einfluß der kabbalistischen Doktrin auf das System der Ethik noch deutlicher hervor. Auch da sind es nur zwei Attribute, welche Spinoza als eminente auswählt und sie als die *Hauptattribute* bezeichnet. Diese beiden sind: die erste die Weisheit oder, in der Sprache der Ethik ausgedrückt, das *Denken* und die zweite der *Grund*, in der Sprache Spinozas die Ausdehnung. Beide sind sie in der Kabbalah eigentlich die wesentlichsten Eigenschaften Gottes, die vom Menschenverstande erfaßt werden, denn die Weisheit ist der Ausgangspunkt des menschlichen Verstehens und der Grund, d. h. die Anschauungsfähigkeit, ist die unerläßliche Bedingung alles Erfassens seitens des endlichen Verstandes. In der Ethik wird ausdrücklich hervorgehoben, daß die zu besprechenden Attribute nicht *alle* Attribute Gottes sind, «denn», so heißt es da, «Lehrsatz 16 haben wir gezeigt, daß Unendliches auf unendliche Arten aus ihm erfolgen müsse, sondern nur was uns zur Erkenntnis *des menschlichen Geistes* und seiner Glückseligkeit gleichsam an der Hand hinführen kann».

Die Ethik lehrt also das Vorhandensein vieler Attribute, von denen zwei, Denken und Ausdehnung, cogitatio und extensio, erörtert werden sollen. Die Weisheit oder das Denken erscheint in der Ethik wie in der Kabbalah fast gleichmäßig erklärt. In Ersterer heißt es Pars II, Demonstratio zu Propos. I: Singulares cogitationes sive haec et illa cogitatio modi sunt qui Dei naturam certo et determinato modo exprimunt. Com=

petit ergo Deo attributum cuius conceptum singulares omnes cogitationes involvunt per quod etiam concipiuntur. Est igitur cogitatio unum ex infinitis Dei attributis quod Dei aeternam et infinitam essentiam exprimit sive Deus est res cogitans.

Die einzelnen Gedanken oder dieses oder jenes Denken sind Daseinsweisen, welche Gottes Natur auf eine gewisse und bestimmte Weise ausdrücken. Es kommt also Gott ein Attribut zu, dessen Begriff in allen einzelnen Gedanken enthalten ist und durch welches Attribut auch diese begriffen werden. Das Denken ist also eines von den *unendlichen* Attributen Gottes, das Gottes ewiges und unendliches Wesen ausdrückt, oder Gott ist ein denkendes Wesen.

Im Sohar heißt es: «Er (Gott) wollte, daß man ihn unter seinen Attributen nach jedem besonders kenne; er beabsichtigte dadurch, daß man seine Eigenschaften kenne und wisse, wie sie sich auf die Handlungen erstrecken, denn hätte er nicht sein Licht über alle Geschöpfe ausgebreitet, wie könnten wir ihn kennen?» Ferner: «Wehe dem, der ihn selbst mit seinen eigenen Attributen vergleicht, man muß ihn erhaben über alle Attribute denken.» Besonders beachte man die Worte: «Doch muß bemerkt werden, daß Gott verständig und weise durch sich selbst ist, denn die Weisheit verdient ihren Namen nicht durch sich selbst, sondern durch den Weisen, der sie mit dem Lichte, das aus ihm geflossen, erfüllt hat.»

Nebst dieser Verwandtschaft zwischen beiden Lehrsystemen scheint aber die Ethik in betreff des Ausdehnungsattributs von der kabbalistischen Meinung abzu-

weichen und ihr zu widersprechen. Als Beweis für die‑
selbe wird kurz angemerkt, daß derselbe wie bei dem
vorigen Lehrsatz geführt wird. Aber in der Anmerkung
des auf denselben folgenden dritten Lehrsatzes scheint
die Ethik direkt gegen die mystische Darstellungsart zu
polemisieren. Da heißt es:

(Editio Bruder, S. 225) Vulgus per Dei potentiam
intellegit Dei liberam voluntatem etc.

«Der große Haufe versteht unter Gottes Macht
seinen freien Willen und sein Recht auf alles, was ist
und was deshalb als zufällig betrachtet wird. Dann sagt
man, Gott hat die Macht, alles zu zerstören und in
Nichts zu verwandeln. Ferner vergleicht man Gottes
Macht mit der Macht der Könige etc.»

Doch ich will über ein und dieselbe Sache nicht
so oft reden, ich will nur den Leser dringend ersuchen,
das alles, was im ersten Teile vom Lehrsatz 16 bis Ende
über diese Sache gesagt ist, mehrmals durchzudenken.
Denn niemand wird das, was ich meine, recht fassen
können, wenn er sich nicht hütet, die Macht Gottes
mit der menschlichen Macht oder dem Rechte der Kö‑
nige zu vermengen.»

In dem obigen Texte des Sohar heißt es aber:
«Endlich ist er auch der König des Weltalls, denn alles
ist in seiner Macht, er kann die Zahl der Gefäße ver‑
mindern, und das Licht, das hervorströmt, vermehren
oder das Gegenteil bewirken, je nachdem es ihm be‑
liebt.» Man vergesse aber nicht, daß es daselbst aus‑

drücklich heißt: «Wehe dem, der ihn selbst mit seinen Attributen vergleicht etc.» Die Ethik gibt keine Definitionen über Substanz, Attribut, Gott, Natur, Denken, Ausdehnung, Geist, Verstand, Idee, Seele. Sie setzt das Verständnis und das Dasein derselben voraus. Ja nicht einmal das Vorhandensein derselben wird, wie man bei einem so tiefsinnigen ontologischen System erwarten müßte, angezeigt und behauptet, sondern von ihrer Existenz als apodiktische Gewißheit ausgehend, wird die Darstellung ihrer Bedingungsformen unternommen. Anstatt zu behaupten: Es gibt eine Substanz, es gibt eine Natur, es gibt einen Gott, es gibt eine Ursache ihrer selbst, es gibt einen Verstand und es gibt einen *menschlichen* Verstand usw., werden dieselben als bloße Namen angeführt. Anstatt zu sagen: Unter Gott versteht man dieses, Natur heißt jenes usw. und die Beweise der Existenz für dieselben anzuführen und dann zu erklären, wie sie vorhanden sind, werden sie gleichsam als Operationsobjekte für das System verwendet. «Unter Ursache ihrer selbst verstehe ich etc.», so heißt es in der Ethik. Diese Art, Dinge vorauszusetzen, ohne sie erst zu behaupten und deren Dasein zu beweisen, hat das spinozistische System mit dem der Kabbalah gemein und es ist wahrscheinlich, daß das erstere dieselbe der letzteren entlehnt hat. Um so eklatanter als in dem früher angeführten Soharstücke wird dieses in der apodiktischen Weise der attributiven Theoriedarstellung in folgendem Texte dargetan:

סתימא דכל סתימין פריש ואתפרש מכלא ולא פריש

דהא כלא ביה מתדבק והוא מתדבק בכלא. אתתקן ולא אתתקן

אתתקן בנין לקיימא ביה כלא ולא אתתקן בנין דלא שכיח. כד

אתתקן אפיק ט נהורין דלהטין מניה מתקנוי ואינון נהורין מניה
מתנהרין כבוצנא דאתפשטין מניה נהורין לכל עיבר. כו׳

«Der Unbekannte der Unbekannten (En Sof) trennt
sich von allem und ist nicht getrennt, denn alles vereinigt
sich mit ihm, wie er sich wieder mit ihm vereinigt. Er ist
alles. Er hat eine Gestalt und hat auch keine Gestalt. Er
nahm eine Gestalt an, als er das All hervorrief; er hat keine,
weil sie dem Verstand unfaßbar ist. Er hat zuerst aus seiner
Gestalt neun Lichter hervorgehen lassen, die durch ihn
leuchten und nach allen Seiten hin ein helles Licht ver=
breiten: so sendet ein Leuchtturm, den man bloß an dem
glänzenden Lichte erkennt, Strahlen nach allen Seiten. Der
Alte der Alten, der Unbekannte der Unbekannten ist ein
hoher Leuchtturm, den man bloß an dem glänzenden Lichte
erkennt, das aus solcher Fülle entgegenleuchtet. Dieses
Licht wird der heilige Name genannt.» (Sohar *I. Teil, Blatt 1
und 2, II. Teil, Blatt 105, III. Teil, Blatt 288.* (Vgl.
D. H. Joël, Die Religionsphilosophie des Sohar, S. 184.)

Diese Auffassung wird deutlich durch folgende Mit=
teilung dargetan:

בשעתא דסתימא דכל סתימין בעא לאתגלייא עבד ברישא
נקודה **הדא** ודא סליק למהוי מחשבה צייר בה כל ציורין חקק
בה כל גליפין ואגליף נו בוצינא קדישא סתימא גליפין דחד
ציורא סתימאה קדש קדישין בנינא עמיקא דנפק מגו מחשבה
ואיקרא מ״י. לא אקרא אלא מי. ועדלא ברא ״אלה״ לא סליק
בשמא אלהים. כו׳

«Bevor Gott sich manifestiert hatte, als alle Dinge
noch in ihm verborgen lagen, war er der Verborgenste
unter allen Verborgenen, da hatte er nur den Namen

der Frage ‚Wer'. Er bildete zuerst einen unsicht‚
baren Punkt, dieses war sein eigenes Denken, dann fing
er an, mit seinem Denken eine geheimnisvolle und
heilige Gestalt zu machen, endlich bedeckte er sich mit
einem reichen und glänzenden Kleid, wir meinen nämlich
das Weltall, dessen Namen mit dem Namen Gottes ver‚
einigt ist. Denn «Wer» heißt im Hebräischen „מי", die
Schöpfung wird bei Jesajas mit «diese» „אלה" bezeichnet.
אלהים ist zusammengesetzt aus den fünf Buchstaben (in
umgekehrter Ordnung) מי und אלה, so daß Gott und das
Universum in einem Namen Gottes vereinigt erscheinen.
ראו מי ברא אלה (Sehet, «Wer» hat «diese» erschaffen).

In diesen Mitteilungen findet die Theorie der Ethik
über die Substanz und ihre Attribute mit der Lehre der
Kabbalah eine noch nähere Berührung, sowohl den In‚
halt als die apodiktische Vortragsweise betreffend. Die
Zahl der Sephirot ist eigentlich nicht genau bestimmt.
Sie sind, wie die Kabbalisten behaupten, den zehn Na‚
men Gottes, welche in der Bibel sich finden, konform.
Aber obwohl dieses der Fall ist, so sind sie doch nicht
identisch mit den zehn Gottesnamen. Jedoch beide sind
nur Bezeichnungen der Eigenschaften des höchsten ver‚
borgensten Gottes, der der Endlose, «En Sof» ist. Unter
diesem Namen versteht man das Endlose wie das Grenz‚
lose, sowohl in der Höhe wie in der Tiefe, in der Breite
wie in der Länge, in der Zeit wie im Raume. Der En
Sof ist die alleinige und einzige Substanz und die Se‚
phirot (Attribute) sind die Äußerungen, welche seinen
Wirkungen entnommen sind. Cordovero schreibt im
«Pardes Remanim» porta II:

השמות הם הספירות ואין הכונה שיהיו השמות מיוחסות
לספירות חס ושלום אלא הספירות והשמות הם שמות באין סוף
כפי פעולותן.

«Die Gottesnamen sind die Sephirot, man hüte sich
aber, dieses etwa so aufzufassen, daß die Namen direkt
den Sephirot zukommen, sondern es ist so zu verstehen:
Namen sowohl wie Sephirot sind Bezeichnungen des Unendlichen nach den Beobachtungen seiner Werke. Der
Unendliche wird «En Sof» oder «Ajin» genannt. Es haben
viele gemeint, daß diese Benennungen zwei Namen sind,
und haben von einem «Nichts» geredet. Dieses ist aber
ein sinnfälliger Irrtum. Es gibt auch in dem ganzen
kabbalistischen System nicht den geringsten Anhaltspunkt,
dieses anzunehmen. *Ajin* ist nichts anderes als die Ab-
kürzung von «En Sof», das erste Wort des zweiwörtlichen
Namens. Dieses dürfte auch Luria in seinem Kommentar zu dem Diktum des Sohar meinen.

עתיקא קדישא אקרי אין, פירוש, אין סוף אקרי אין.

«Der heilige Alte wird Ajin genannt»; d. h. En Sof
wird der Kürze wegen auch Ajin genannt. Den En Sof
identifizieren viele Kabbalisten mit der ersten Sephira,
d. i. die Krone, כתר. Manche meinen, daß die Sephirot
den in der Bibel genannten Eigenschaften Gottes entsprechen, und zählen deren dreizehn שלש עשרה מדות, andere
wiederum zählen elf. (Bereschith Rabbah 1, 2, Midrasch
zu den Psalmen 93, 5.) Hingegen im Midrasch zu den
Psalmen 3, 1 werden nur drei Eigenschaften angegeben.
Auch in betreff der Sephirotzahl ist keine übereinstimmende Meinung vorhanden. Einige zählen sechs, einige

sieben, der Sohar häufig nur drei. Aber das «Buch des Erschaffens», Sepher Jezira, hat die Zahl zehn festgesetzt.

Der Sohar wurde erst zur Zeit des Nachmanides in Europa bekannt. Aber ein Dokument von Rab Haj Gaon aus dem 10. Jahrhundert gibt über die Sephirot folgende Darstellung: «Antwort des Gaon Haj auf einige kabbalistische Fragen, welche sich im Pardes Rimonim von Cordovero, Abschnitt I, Schaar Hazichzachot (Mit= geteilt in den Beiträgen zur Geschichte der Kabbalah von Adolf Jellinek, II. Heft, S. 11.)

נשאלה שאלה למאיר הגדול אדון החכמה רבינו האי גאון
ז"ל מרב פלטוי וחביריו. ילמדנו רבנו אנחנו מצאנו לרז"ל י"ג
מדות שקבל מרע"ה לאברהם אבינו בספר יחסוהו רז"ל על
שמי והוא ספר יצירה מינו שם י' ספירות ואנחנו צריכין ללמוד
מפי קדוש אם י' ספירות הם י' מדות א"כ י"ג מדות מצינו י"ג
ספירות לא מצאנו או .י"ג מדות לבד או י' ספירות לבד. לתורתך
אינו צריכין ותשובתך אנו מיחלין.

«Folgende Frage wurde an das große Licht, den Herrn der Weisheit, unsern Lehrer Haj Gaon, sein Andenken sei zum Segen, von Rab Paltoj und seinen Genossen ge= richtet. Es belehre uns unser Lehrer, da wir finden bei unseren Lehrern gesegneten Andenkens dreizehn Eigen= schaften (Gottes), welche Moses unser Lehrer, Friede sei mit ihm, als Überlieferung erhalten, und bei Abraham unserem Vater in dem Buche, welches unsere Lehrer ge= segneten Andenkens ihm beigelegt haben, nämlich im Sepher Jezira, im Buche des Erschaffens, wo zehn, Se= phirot, Prinzipien, Zählungen aufgezählt werden. Wir müssen aus dem heiligen Munde die Belehrung erhalten, ob 10 Sephirot 10 Eigenschaften sind. Die 13 Eigen=

schaften finden wir, aber 13 Sephirot finden wir nicht,
oder sind 13 Eigenschaften etwas für sich und 10 Se=
phirot etwas für sich? Deiner Lehre bedürfen wir und
auf deine Antwort warten wir».

Antwort. תשובה.

שאלה זו צריך לפנים ולפני פנים וכמה זמנים לפנינו
ולפניכם נשאלה שאלה זו ובימי הדורות ובימי קדמונינו הזקנים.
והפירוש ארוך לא ליום אחד ולא לימים עד היותי אחוז בחבלי
החכמה הנעלמה הגנוזה בחדרי הנבואות ובמסורות החכמים בעלי
רשומות. מכל מקום אין אנו רואים מצד חכמתכם ומעלתכם
להיות שאלתכם ריקנית מכל וכל ודרכי תשובה זו עמוקים אם
תגיע לידכם, בקצרה:

י"ג מדות האמורים בתורה הם ענפי תולדות יוצאות מי"ג
מעלות נקראות ספירות אילו כנגד אילו עם שלשה גנוזות ראשי
ראשים ואם אינם מציאות לכם מסורים הם לקדמונים איש מפי
איש עד מפי נביאים ז"ל. והתולדות הן, הן נקראת מדות והשרשים
שהן האבות נקראת ספירות. לא מפני שיש להם או הן עצמם
חשבון ומנין ודרך להשיגם רק מי שבחרם לבדו והוא אדון על
הכל שאינו מושג בשום צד ובשום ידיעה כלל בהתעלמותו ושלמה
רמז בשיר השירים באמרו ועלמות אין מספר: ומפני כבוד
תורתכם ראינו למסור לכם שמות הספירות כמו שקבלנו אותם
מזקנינו ז"ל ואין לנו רשות לגלות יותר מכבוד נעלם כמו שכתוב
בספר משלי כבוד אלקים הסתר דבר.

עשר ספירות נחלקו ביצירתן ג' ראשונות הא' אור מופלא
אור שאינו מושג רק הוא מיוחם ונערך למחשבה הטהורה נערכים
אליה מאורות המדע ושכל כי המחשבה הדין בשניהב. וו
האחרונות הם ו' מאירות והג' מהם כף זכות וכף חובה ולשון
הסליחה מכריע בניהם. והמאור הד' הוא המחדש עולם הנשמות
וקרוהו יסוד עולם בעלי רשומות, וחכמי התלמוד קרוהו צדיקו של

עולם. ועוד יש אור חיצון נקרא אש אוכלת וזרועותיו צפין
וימין והוא סוף כל המאורות והתחלת כל המעשים.

ועתה ארמוז לכם הב׳ מאורות העליונות על עשר ספירות
אין להם התחלה כי הם שם ועצם ושרש כל השרשים ואין
המחשבה יכולה להשיג! בהם כי ההשגה לדעת כל נברא קצרה
מהשיג. בשם זקנינו הקדושים קבלנו שמותיהם. אור פנימי קדמון
והיא מתפשט בשרש הנעלם מתנוצץ מכח התפשטותו כדמיון ב
אורים גדולים. אור מצוחצח ואור צח כלו אור אחד ועולם אחד
ושרש אחד נעלם לא״ס (לאין סוף) וחכמי התלמוד הזהירו מלפרט
החכמה והמחשבה ממה שאינו מושג לשום נברא ואמרו במפולא
ממך אל תחקור אין לך עסק בנסתרות ומה שאמרו בעלי רשומות
שהספירות בדמות מאירות לא כדמן מאיר השמש וחירה
והכוכבים רק מאורות רוחניות דקות וזכות פנימית זהר מזהיר
הנפשות וחפשנו בכל צדדי החקירה מרבותינו המקובלים מפי
זקנינו הקדמונים לדעת אם יש לשלש עליונות שמות נבדלות
בעצמן כאשר לשלמטה מהם ומצאנו כלם מסכימים בדעות
מוסכמות שאין להם שם ידוע מרוב העלמתן אלא השמות
המיוחסים להם בשם מאורות וכן השרש שאין לו התחלה אין לו
שם ידוע.

«Betreffs dieser Frage muß man in das Heiligtum
und in das Allerheiligste eindringen. Und in vielen Zeiten
vor euch und vor uns wurde diese Frage aufgeworfen
und in den Tagen der (vergangenen) Generationen und
in den Tagen unserer Vorvorderen, und die Erklärung
ist weitläufig, nicht für einen Tag und nicht für zwei
Tage, indem (der Gegenstand) eingesponnen ist in dem
Gewebe der verborgenen Weisheit und in der Überlie=
ferung der Weisen, der Männer der Zeichen; aber wir
sehen dennoch nicht seitens euerer Weisheit und Wür=
digkeit, daß die Frage belanglos wäre. Die Wege der

Beantwortung sind tiefe, wenn sie in Kürze in eure Hände gelangen soll.

Die dreizehn Eigenschaften, welche in der Thora erwähnt werden, sind Zweige, Folgen, die hervorgehen aus zehn Graden, welche «Sephirot» genannt werden, diese gegenüber jenen, nebst drei verborgenen Oberhäuptern. Und wenn sie bei euch nicht vorhanden sind, so sind sie doch überliefert den Altvorderen, einer erhielt sie vom andern bis zur Aussage der Propheten, deren An‑ denken gesegnet sei. Und diese Folgen sind die Wir‑ kungen, sie werden Eigenschaften genannt, und die Wur‑ zeln, welche die Väter sind, werden Sephirot (Zahlen) genannt. Nicht etwa, weil sie eine Zahl haben oder daß sie eine Rechnung oder eine Addition sind, sondern nur auf die Weise des Mysteriums sind sie zehn Welten, von denen (jene) entstanden sind, sie haben keine Rechnung und es gibt keinen Weg (keine Weise), sie zu begreifen, nur der allein kennt sie, der sie erschaffen, und der ist der Herr über alles, der auf keine Weise und kein Wissen begriffen werden kann; er sei gepriesen in seiner Unbe‑ greiflichkeit. Und wegen der Würde und Gelehrtheit wollen wir euch die Namen der Sephirot überliefern, wie wir sie von unseren Alten gesegneten Andenkens empfangen haben. Wir haben aber nicht mehr als die Erlaubnis, bloß die «verborgene Würde» zu enthüllen. Wie geschrieben steht im Buche der Sprüche: Die Würde Gottes ist, die Sache zu verbergen.

In den zehn Sephirot sind die ersten drei in ihrer Erschaffenheit verschieden: die erste ein verborgenes Licht,

ein Licht, das nicht begriffen werden kann, es wird bei=
gelegt und zugesprochen «dem reinen Denken», welchem
beigelegt werden das Wissen und der Verstand. Denn
das Denken entscheidet bei beiden. Und die sieben fol=
genden, das sind sieben Lichter, und drei von ihnen sind
die Schale des Verdienstes und die Schale der Schuld
und die Zunge der Vergebung entscheidet zwischen ihnen.
Und das vierte Licht, das ist das, welches die Welt der
Seelen hervorbringt, es nannten es die Männer der Zeichen
«Grund der Welt» und der Talmud nannte ihn «den
Gerechten der Welt».

Noch gibt es ein äußeres Licht, es wird genannt
«verzehrendes Feuer» und seine Arme sind Norden und
Süden. Dieses bildet den Schluß aller Sephirot und ist der
Anfang aller Werke. Und jetzt will ich euch andeutungs=
weise mitteilen, daß die drei oberen Lichter der zehn
Sephirot keinen Anfang haben, denn sie sind Namen,
Wesenheit (Substanz) und Wurzel aller Wurzeln und
der Gedanke kann sie nicht fassen, denn die Fassungs=
kraft und das Wissen jedes Geschöpfes ist zu schwach,
um dieses zu erfassen. Im Namen unserer heiligen Alten
haben wir ihre Benennungen erhalten. Jenes Urlicht,
welches sich in der verborgenen Wurzel strahlend aus=
dehnt, durch die Kraft seiner Ausdehnung erscheint es
wie zwei große Lichter. Funkelndes Licht und klares
Licht, da ist alles in Licht, eine Welt und eine ver=
borgene Wurzel des En Sof (Infinitus). Und die Weisen
des Talmud warnten davor, die Weisheit und die Ge=
danken zu erklären, da sie von keinem Geschöpfe be=
griffen werden können, und sagten: Was dir verborgen

ist, darnach sollst du nicht forschen. Du hast mit Un=
begreiflichkeit nichts zu tun. Aber was die Männer der
Zeichen sagten, daß die Sephirot die Gestalt von Lich=
tern haben, darunter ist nicht zu verstehen die Gestalt
der Sonne, des Mondes und der Sterne, sondern geistige
Lichter, subtil und von innerlicher Lauterkeit, ein Glanz,
welcher die Seelen erleuchtet. Und wir suchten nach
allen Seiten der Forschung bei unseren Lehrern die Kab=
balisten, welche mündliche Tradition von ihren alten
Weisen haben, um zu erfahren, ob die drei oberen be=
sondere Namen haben wie die unteren, und wir fanden,
daß sie alle ausnahmslos darin übereinstimmen, daß sie
keinen bekannten Namen haben wegen ihrer großen Ver=
borgenheit, außer daß man ihnen den Namen *Lichter*
beigelegt hat; ebenso wie die Wurzel, die keinen Anfang
hat, keinen bekannten Namen hat.» —

Diese Darstellung gibt im wesentlichen die Attri=
butentheorie des Sohar, wenn auch in modifizierter Form
und in anderen Ausdrücken wieder.

Eine andere, aber im wesentlichen mit dem bishe=
rigen übereinstimmende Darstellung der Sephirot hat
Chasdai ben Isak Ibn Schaprut im 10. Jahrhundert ge=
geben. In einem Fragment, welches Jellinek in seinen
Beiträgen zur Geschichte der Kabbalah, zweites Heft IV,
nach Rabbi Schem Tows Sepher Haemunot 40, 41 mit=
geteilt hat, heißt es:

ובשם חכם גדול ושמו חסדai הנשיא נמצא כתוב: סבת כל
הסבות אין לו התחלה ואין לו מקום וגבול. וכשעלה ברצונו
לחדש עולמות לא הושגו ולא נראו עד הגיע הרצין נאצלי מאורו

הגדול עשר נקודות פנימיות כאור המבהיק את השמש. ואור
הנקודה אינה מתפרדת מן העצם והיא נקודה מחשבית ומאורה
הובהוקה נקודה שנית רוחנית מרעית והיא ראשית דרכי הסבה
הראשונה ומאורה הובהוקה הנקודה ה״ג היא אם הנשמות הפנימית
וחז״ל קורין לה ערבות ואדוננו דוד אמר עליה ברוח הקודש סולו
לרכב בערבות ביה שמו. כיון על שתי הנקודות הפנימיות. כו׳

Und im Namen des großen Weisen, dessen Name
Chasda der Fürst ist, wird folgendes schriftlich mit‹
geteilt:

«Die Ursache aller Ursachen hat keinen Anfang und
keinen Ort und keine Grenze. Und als ihm (Gott, d. h.
die Ursache der Ursachen) der Wille kam, die Welten
zu schaffen, so wurden sie nicht faßbar und nicht sicht‹
bar, bis der Wille aufstieg und von seinem großen Lichte
zehn innerliche Punkte ausgesendet wurden, wie das
Licht, welches die Sonne erleuchtet. Das Licht des innern
Punktes wird von dem *Wesen* nicht getrennt. Dieses ist
ein «Punkt des Denkens», ein gedanklicher Punkt. Von
seinem Lichte leuchtete ein zweiter geistiger Punkt des
Wissens, der dritte Punkt, der ist die (Mutter) «Ursache
des innern Sinnlichen». Und unsere Weisen nannten ihn
Arabot. Und unser Herr David sagte von ihm im hei‹
ligen Geiste: Machet Bahn dem, der in den Arabot ein‹
herfährt, sein Name ist Jah, er meinte die zwei inneren
Punkte» etc.

Hier werden zehn Momente entsprechend den zehn
Sephirot aufgezählt. In der Ursache der Ursachen
סבה כל הסבות ist die Substanz der Ethik und in den
zwei innern Punkten שתי הנקודות הפנימיות sind die zwei

Hauptattribute derselben, cogitatio und extensio, deutlich zu erkennen. Die נקודה מחשבית entspricht dem Denken und die אחגשמות korrespondiert mit der Ausdehnung. Dem En Sof wie der Sibot Kol Hassibot wird die Eigen‑ schaft der Unendlichkeit beigelegt, denn diese bildet den Mittelpunkt des ganzen kabbalistischen Systems. Die Unendlichkeit der Substanz ist in der Ethik ebenfalls das Zentrum der ganzen spinozistischen Lehre. Der achte Lehrsatz der Ethik lautet:

Omnis substantia est necessario infinita (אין סוף), De‑ monstr.: Substantia unius attributi non nisi unica existit et ad ipsius naturam pertinet existere. Erit ergo de ipsius natura vel finita vel infinita existere. At non finita. Nam deberet terminari ab alia eiusdem naturae quae etiam necessario deberet existere, adeoque darentur duae substantiae eiusdem attributi quod est absurdum. Existit ergo infinita q. e. d.

«Alle Substanz ist notwendig unendlich (אין סוף), Be‑ weis: Es ist nur eine Substanz von demselben Attribute und zu ihrer Natur gehört das Dasein, sie muß also ihrer Natur nach entweder als endliche oder als unend‑ liche da sein, aber nicht als endliche, denn nach Def. 2 müsse sie von einer andern von gleicher Natur, die auch notwendig da sein müsse, begrenzt werden, also gebe es zwei Substanzen von demselben Attribute, was widersinnig ist. Sie ist also unendlich.» «I. Bemerkung. Da endlich sein eine teilweise Negation ist und un‑ endlich sein eine absolute Bejahung des Daseins einer Na‑ tur, so folgt also schon allein aus dem Satze 7, daß alle Substanz unendlich ist.»

In der kabbalistischen Literatur wird die Frage auf=
geworfen, wie das Verhältnis der Sephirot zu dem En
Sof aufzufassen sei, ob sie selbständige Potenzen oder
der Ursubstanz inhärierende Kräfte seien, כלים או עצמות
Geräte, Werkzeuge oder zur Wesenheit des En Sof ge=
hörende Momente sind.

Dasselbe Problem ist auch in der Ethik vorhanden.
Können die Attribute als für sich bestehende Gedanken=
wesen gedacht werden oder sind sie der Substanz in=
härierende Eigenschaften? Im Pardes Rimonim, Pforte 4,
C. 1 führt R. Moses Cordovero zwei entgegengesetzte
Ansichten führender Kabbalahlehrer, die sich auf die
Aussprache des Sohar stützen, an. Er widerlegt beide
als unzutreffend und stellt dann seine eigene als eine ver=
mittelnde auf. Da heißt es:

הכונה בפרק זה להעתיק דעת ר׳ מנחם מראקנטי בספירות
אם הם עצמות או כלום בקצרה. אמת שאין עלי הגנום שבבורא
ית׳ לא יצדק בו לא רבוי ולא שנוי אם כן יקשה אם הספירות
היא עצם אלוקית איך יוצדק היותם פועלות דין ורחמים מצד ימין
מצד שמאל כי זה מורה שנוי. שנית כי בבורא ית׳ לא יוצדק
הגבול וזה אמת שאין בה ספק א״כ איך בספר היכלות אמרו גבול
בבורא ית׳ באמרו מימינו עד שמאלו טז רבבת פרסאות שיעור
קומת רל׳ אלפים רבבות פרסאות כל זה ודאי יורה גבול ולא
יוצדק. ועוד כי בבורא ית׳ לא יוצדק מנין וא״כ איך אנו אומרים
עשר ? כו׳.

ועל כרחני יש לנו לאמר כמו שהנשמה מתלבת מן הגוף
כן הבורא ית׳ מאורו הגדול התנוצצו הכלים האלה וקראו אותם
החכמים ספירות והתפשטות הסבה הראשונה בכלים האלה נקרא
אצילות.

«Dieser Abschnitt soll in Kürze die Ansicht des R. Menachem aus Rekanati betreffs der Sephirot dartun, ob sie Realitäten oder Geräte sind.

Es ist eine Wahrheit, an der kein Zweifel ist, daß bei Gott, gelobt sei er, keine Mehrheit und keine Veränderung stattfindet. Nun ist die Frage: wenn die Sephirot zum Wesen Gottes gehören, wie ist (die Annahme) zu rechtfertigen, daß sie Recht und Gerechtigkeit bewirken oder wie können sie rechts und links sein? Dieses bekundet ja eine Veränderung. Wenn beim Schöpfer, gelobt sei er, keine Grenze stattfindet, was doch unbestrittene Wahrheit ist, wie ist es zu vereinbaren mit dem, was im Buche Hechalot gesagt wurde, daß von seiner Rechten bis zu seiner Linken 16 Myriaden Parasangen sind, daß seine Höhe 236.000 Myriaden Parasangen beträgt. Dieses ist ja eine Grenze und darf nicht rechtmäßig behauptet werden. Auch findet beim Schöpfer keine Zahl statt, wie können wir zehn Sephirot konstatieren. Auch was unkörperlich ist, ist ja unteilbar, wie können wir demnach sagen: das ist das Recht, das ist das Erbarmen und dieses entscheidet zwischen beiden etc. Dieses alles bezeugt ja Körperliches? Wisse, daß in Wahrheit im Schöpfer keine Veränderung ist und daß in ihm keine Kategorien des Körpers sind und all das, was im Sepher Merkabah gemessen wird, das wurde nicht wirklich vom Schöpfer ausgesagt, sondern bloß von den Sephirot. Diese sind wie Handwerkzeuge, mit welchen der Meister sein Werk verfertigt, um manchesmal zu unterscheiden. Die Sephirot akkomodieren sich jedem Dinge und seinem Gegenteile. Um dieses dem Verstande nahe zu bringen, haben die

Weisen dieses mit dem Willen der Seele verglichen.
Dieser akkomodiert sich allen Begehrungen und allen
Gedanken, die von ihm sich absondern, obwohl sie
viele sind, so ist seine Wurzel nur eine. Die Seele aber
verändert sich nicht, die Veränderung geht nur im Körper
vor, der den Gedanken der Seele verwirklicht und wir
müssen sagen, daß jene sich jedem Dinge und seinem
Gegenteil anpassen ect.

Und so wie die Seele vom Körper bekleidet wird,
so strahlen vom großen Licht des Schöpfers diese Werkzeuge aus. Und die Weisen nannten sie Sephirot und
das Ausbreiten der ersten Ursache in die Werkzeuge
wird *Azilut*, Absonderung oder Emanation genannt.
Dieser Ansicht folgt auch der große Kabbalist Jehuda
Chaajat in seinem Buche Minchat Jehuda.»

Nachdem Cordovero diese Meinung zurückzu-
weisen sich bestrebte, führt er die andere an. Im C. 2
heißt es:

אחרי שבפרק הקודם כתבנו דעת האומר שהספירות הם
כלים והוא ר׳ מנחם ונמשך אחריו ר׳ דוד כוננתנו בפרק זה להעתיק
סברת ר׳ דוד בספר מגן דוד דסבירא ליה שהם עצם אלהות כו
ואמר: דע שאין הלוף השמות או מנין הספירות מחויב רבוי
בבוראיתי חלילה כי כל מה שאמר בשם אהיה שהוא יורה הרחמים
הגמורים ובשם אלוקים שהוא יורה על משפט ודין וכן בהודאת
שאר הספירות וכנוייהן זה איני כי אם חלוף הבחינות בהצטרך
אל פעולות מתחלפות ר״ל שהוא פועל פעולת הרחמנית תקראהו
בשם אהיה וכאשר תבחנהו מצד שיורה דין ומשפט רצה לומר
שהוא פועל המשפטים תקראהו בשם אלהים כן בספירות וביתר
השמות שאין כאן אלא עצם אחד בתכלית האחדות והפשיטית
אשר לפי חלוף הבחינות בו בהצטרף אל פעולותיו המתחלפית

יקראו בשמות רבים ויאמר שהוא עשר ספירות ואל ישיאך לבך
שזה יחוייב רבוי בבורא ית׳ כי אלו נאמרים בהיקש עצמותו אל
נבראיו.

«Nachdem wir im vorigen Kapitel die Ansicht des-
jenigen brachten, welcher meinte, daß die Sephirot Gefäße
sind, und das ist die Ansicht R. Menachems, werden wir
in diesem Kapitel die Ansicht Rabbi Davids in dem Buch
Magen David bringen, welcher wieder meint, daß die
Sephirot Wesenheitsmomente sind. Er sagt: Wisse, daß
die Verschiedenheit der Namen oder die Zahl der Sephirot
keine Mehrheit im Schöpfer, gelobt sei er, notwendig be-
dingen. Denn, wenn es heißt: Ehje ist das Erbarmen und
Elohim heißt das Gericht, so stellt dieses nur die Verschiedenheit der Beziehungen im Verhältnis zu verschiedenen Handlungen, d. h. wenn er Barmherzigkeit ausübt,
nennst du ihn Ehje und wenn du ihn betrachtest vom
Standpunkte seiner Gerichtsausübung, nennst du ihn
Elohim, ebenso bei den anderen Sephirot. Hier ist nur
eine Substanz vorhanden, eine in des Wortes höchster
Bedeutung. Die vielen Namen sind nur viele Beziehungen der Substanz zu der erschaffenen Welt.» Auch
diese Meinung sucht Cordovero zu widerlegen und stellt
seine eigene Theorie folgendermaßen auf:

אחר שכבר העתקנו סברת ר׳ מנחם ור׳ דוד והתעררנו
עליהם בחזקת היד נבא עתה בפרק זה לבאר דעת ה״ר שמעון
בן יוחאי ע״ה בדריש הזה. אמת כי יוצרנו יוצר הכל אין
סוף ממ״ה לא הוצרך אל אצילות כו׳ אמנם מה שראוי שנדע הוא כי
בתחילת האצילות מאציל אין סוף ממ״ה עשר ספירות אשר הם
בעצמותו מתיחדים והוא בהם אחדות שלמה — והספירות האלה

הם נשמה מתלבשת בעשר ספירות הנקובות בשמות שהם
כלים כו'.

ונוכל להמשיל משל נאה המשל אל המים אשר הם
מתחלקים אל הכלים והכלים משונים בגוונם זה לבן, זה אדום וזה
ירוק וכן כולם. הנה כאשר יתפשט המים אל הכלים ההם אם
היותם המים פשוטים מכל גון הם יתראו בגוונים הכלים וישתנו
אל גוונם.

וכן בדבר הספירות המכונות אלינו הנ"ה כו'.

«Nachdem wir die Ansichten des R. Menachem und
die R. Davids gebracht, wollen wir die Ansicht des Rabbi
Simon ben Jachai (des Sohar) selber erklären. Klar ist,
daß unser Schöpfer endlos ist, man kann nicht einmal
sagen, er sei gesegnet und gefeiert und verherrlicht, weil er
von keinem andern gesegnet und gefeiert und verherrlicht
werden kann, denn er ist der Segnende, der Feiernde, der
Verherrlichende, vom ersten Punkt der Emanation bis zum
letzten und wir können in ihm nicht unterscheiden irgendeine Begrenzung, weder vor, noch nach der Emanation etc.
Aber was wir wissen müssen, ist, daß beim Anfang der
Emanation der En Sof die Sephirot abgesondert hat von
seiner Substanz. Sie vereinigen sich in ihm und er in ihnen.
Alles aber ist eine absolute Einheit etc. Wir wollen ein
passendes Beispiel aufstellen. Dieses gleicht dem Wasser,
welches in verschiedenen Gefäßen ist, welche verschiedene
Farben haben, das eine ist weiß, das andere ist rot, das
dritte ist grün. Wenn das Wasser in die Gefäße kommt,
obwohl es farblos ist, so erscheint es in der Farbe des
jeweiligen Gefäßes. In Wirklichkeit liegt nicht die Verschiedenheit der Farbe im Wasser, sondern nur in den

Gefäßen, welche die Farbe zufällig oder in Wirklichkeit bewirken. Das Zufällige besteht nur im Verhältnis der Beobachter, nicht im Verhältnis des Wassers selber. So verhält es sich in betreff der Sephirot, die von uns ge= nannt werden Weisheit, Größe, Herrlichkeit etc. Sie haben keine Farbe oder Gestalt, nur in ihrer Wirkung besteht die Verschiedenheit.» Über das Verhältnis Gottes zu den Sephirot, der Substanz zu ihren Attributen, gibt es im Sohar ein posthumes Diktum, welches sich im Gebete des Propheten Elijahu befindet.

Im Sepher Hatikunim ספר התיקונים heißt es:

פתח אליהו ואמר רבון עלמין אנת הוא חד ולא בחושבן אנת
הוא עלאה על כל עלאה סתים על כל סתימין לית מחשבה תפיסא
בך כלל· אנת היא דאפיקת עשר תיקונין, וקירנן לון ספירן, לאנהגא
בהון עלמין סתימין דלא אתגלין ועלמא דאתגלין ובהון אתכסיא
בני נשא· ואנת הוא דקשיר לון ומיחד לון· ובגין דאנת מלגו כל
מאן דאפריש חד מן חבריה מאלין עשר אתחשיב ליה כאילו
אפריש בך·

«Es begann Elijahu und sprach: Herr der Welten! Du bist Einer, aber nicht in der Zahlenfolge, Du bist der Höchste über alles Hohe, der Verborgenste unter allen Verborgenen, kein Gedanke kann Dich erfassen. Du hast zehn Prinzipien hervorgebracht, welche wir Sephirot nennen, um die Welten durch sie zu leiten, die verborgenen Welten, welche nicht geoffenbart sind und die Welten, welche geoffenbart sind, und durch sie sind dieselben für die Menschen verdeckt. Und du bist es, der sie verbindet und sie vereinigt. Und weil du *intern*

bist, so wird einem jeden, der eines von den anderen dieser
zehn trennen will, es so angerechnet, als wenn er diese
Trennung bei Dir selber vornehmen will.» Cordovero
erklärt diesen Text streng ontologisch: Die Monas ist
keine arithmetische Eins, sondern eine ideale. Denn dieser
Eins folgt keine Zwei. Die zehn Tikunen, Prinzipien,
sind die zehn Attribute, welche aus der Substanz hervor=
gegangen sind und doch zu derselben, weil sie erfaßbar
und die geoffenbarten Welten darstellen, gehören. Die
Substanz ist in den Attributen, welches aus dem Diktum:
וּבְגִין דְאַנְתְּ מַלְגוֹ כִּי «Weil du intern bist, so wird es
einem jeden, der innerhalb dieser zehn die eine
von der anderen trennen will, so angerechnet, als
wenn er diese Trennung bei dir selber vornehmen
will» hervorgeht. Cordovero erinnert an das von ihm an=
gewendete Gleichnis des Wassers, welches in Gefäßen sich
befindet, die von verschiedenen Farben sind. (Siehe Cor=
dovero, Pardes Rimonim, Pforte IV, C. 5 שַׁעַר עֲצָמוֹת וְכֵלִים
Folio 19[b].) Diese Ideengänge der kabbalistischen Lehrer,
welche teilweise ontologisch lauten, teilweise allegorisch
dargestellt werden, sind in der Ethik vorhanden. Die
Terminologie derselben ist ihrer Zeit entsprechend eine
rein abstrakte. Die Frage könnte gestellt werden,
ob die Attribute, vorzugsweise «Denken» und «Aus=
dehnung», cogitatio und extensio, Realität besitzen, d. h.
ob sie der Substanz immanent sind, oder ob sie keine
realen sind, d. h. ob sie nur als Erkenntnisformen, die
der Substanz zukommen, gedacht werden. Die daselbst
von den Attributen handelnden Sätze sind ungenau ge=
halten und können bald diesen, bald jenen Sinn geben.

Es scheint in der Auffassung Spinozas keine Klarheit darüber geherrscht zu haben, oder daß er sich damals noch zu keiner absoluten Deutlichkeit durchgerungen hat. Die Fixierung ist dunkel und vielleicht nicht ohne Absicht fast mystisch gehalten. Den Ansichten der angeführten Kabbalisten sind folgende Thesen Spinozas gegenüberzuhalten: Ethik I, Definitio IV heißt es:

«Per attributum intelligo id quod intellectus de substantia percepit tanquam ejusdem essentiam constituens.»

«Unter Attribut verstehe ich das, was der Verstand als das begreift, was die Wesenheit der Substanz ausmacht.»

Hier wird das Attribut als von dem Verstand abhängig gedacht, durch welches die Substanz begriffen werden kann. Das Attribut gehört also nicht zur Substanz, wenn der Verstand dasselbe nicht hervorbringen soll, denn der Verstand erzeugt gleichsam die Vorstellung des Attributs, unter dem er die Substanz sich vorstellt.

Pars I, Propositio XI heißt es:

Deus sive substantia constans infinitis attributis quorum unumquodque aeternam et infinitam essentiam exprimit necessario existit.

«Gott oder die aus unendlichen Attributen bestehende Substanz, von denen eine jede ewige und unendliche Wesenheit ausdrückt, existiert notwendig.»

«Ferner Propos. XIX: Deus sive omnia Dei attributa sunt aeterna.»

«Gott oder alle seine Attribute sind ewig.»

In diesen Sätzen werden die Attribute als zur Substanz gehörend gedacht. Sie sind nicht Vorstellungsformen des Verstandes, sondern sie sind Gott inhärierend, welche der Verstand als zu seiner Wesenheit gehörend vorstellt. Sie haben Realität.

Noch deutlicher drückt dieses Propos. XV aus: «Quodquid est in Deo est et nihil sine Deo esse concipi potest.»

«Alles, was ist, ist in Gott und nichts kann ohne Gott sein und begriffen werden.»

Unter «Quodquid est» sind selbstverständlich auch die Attribute zu verstehen.

Die Frage, ob die Attribute Denken und Ausdehnung bei Spinoza als Realitäten oder nur als Erkenntnisformen zu betrachten sind, wurde von Johann Eduard Erdmann und Kuno Fischer unabhängig von den obenerwähnten Kabbalisten aufgeworfen und verschieden beantwortet. Erdmann schreibt in seinem Versuch einer wissenschaftlichen Darstellung der Geschichte der neueren Philosophie, S. 59 wie folgt:

«Im Einklang mit Descartes behauptet Spinoza, daß die Substanz durch ihre Existenz allein nicht perzipiert werden könne, sondern nur durch ein Attribut. So ist dem Spinoza ein Attribut dasjenige, was der Verstand an der Substanz wahrnimmt als ihr Wesen ausmachend. Hier entsteht die Frage nach dem Verhältnis der Attribute zur Substanz, welches der wichtigste, aber auch schwierigste Punkt der Spinozistischen Lehre ist. Die Attribute kommen von außen zur Substanz. Schon das Wort deutet darauf hin, nicht was der Substanz eigen ist (proprium, proprietatis), sondern quod id attribuitur (sec. ab alio). Er sagt ferner in der Definition nicht: daß die Attribute

die Substanz ausmachen, sondern sie seien, was der Ver=
stand an ihnen wahrnimmt, und wo er den Ausdruck
braucht, daß die Attribute das Wesen der Substanz aus=
drücken (exprimunt), ist es immer der Verstand, für den
das Wesen so ausgedrückt wird. Die Attribute sind also
Bestimmungen, welche ein äußerer Verstand an die Sub=
stanz bringt, die an sich ganz bestimmungslos ist. — Sie
kann keine Bestimmung, d. h. Negation in sich zulassen.
Soll nun etwas Bestimmtes von ihr ausgesagt werden, so
kann es nur geschehen, indem der Verstand an sie Be=
stimmungen heranbringt. Deswegen kann auch Spinoza,
wo er von der Substanz gesprochen hat, hinzufügen, daß
das Attribut ganz dasselbe sei, wie die Substanz, nur
daß es Attribut genannt wird im Verhältnis zu *einem*
Verstande, welcher der Substanz eine bestimmte Natur
zuschreibt. Die Attribute sind also Bestimmungen, welche
allerdings das Wesen der Substanz ausdrücken, weil sie
es aber auf eine bestimmte Weise ausdrücken, die Sub=
stanz aber keine bestimmte Weise des Daseins hat, fallen
sie außerhalb der Substanz in einen betrachtenden Ver=
stand. Dieses äußerliche Verhältnis der Substanz zu den
Attributen zeigt sich auch, wenn man zusieht, wie viele
und welche Attribute der Substanz Spinoza annimmt.
Wären die Attribute der Substanz selbst etwas Inhärie=
rendes und ihr Notwendiges, so müßte von einer be=
stimmten Zahl von Attributen die Rede sein, d. h. von
gerade so vielen, als der Substanz eigen sind. Aber eine
solche Notwendigkeit, d. h. Bestimmtheit ist nicht in ihr,
also ist sie ganz indifferent gegen die Zahl der Attribute,
die an sie gebracht werden. Ebensowenig kann sie aber

irgendein Attribut von sich ausschließen, weil dieses hieße, ihr eine bestimmte Idiosynkrasie zuschreiben; also wird gesagt, daß die Substanz *unendlich* viele Attribute habe, d. h. es können alle möglichen Attribute in sie gesetzt werden. Trotz dieser unendlich vielen Attribute wird sie nur unter zwei Attributen betrachtet, unter dem Attribute des Denkens und dem der Ausdehnung.»

Gegen Erdmann polemisiert Kuno Fischer in seinem Spinoza, S. 370—371 in folgender Weise:

«Was versteht Spinoza unter Attribut? Dieses ist die schwierige zu lösende Frage. Sie ist darum schwierig, weil sie mit dem bereits festgestellten Gottesbegriff in Widerstreit zu geraten und denselben aufzuheben scheint. Jede Bestimmung ist eine Einschränkung, die einen Mangel an Realität ausdrückt und darum einer Verneinung gleich= kommt. Aus diesem Grunde muß Gott als «ens absolute indeterminatum» erklärt werden. Beschaffenheiten sind Determinationen. Jetzt wird nach der Beschaffenheit gesucht, welche das ens indeterminatum haben soll. Unsere Frage nach den Attributen Gottes trägt die Vor= frage in sich: «Hat er überhaupt welche?» Muß diese Vorfrage verneint werden, so erscheint die Nachfrage hin= fällig. Doch ist ihre Notwendigkeit schon erwiesen. Wir stehen daher vor einem Dilemma: Wird das Wesen Gottes durch Attribute bestimmt, so ist er kein ens absolute in= determinatum; ist er attributlos, so folgt aus ihm keine bestimmte Ordnung der Dinge, ohne Attribute ist er naturlos, mit Attributen ist er nicht mehr das absolut vollkommene Wesen. Wie auch unsere Antwort ausfällt, so muß, wie es scheint, einer dieser Sätze verneint werden,

welche wir in der Lehre von Gott bejaht und als not=
wendig zusammengehörig erkannt haben.» «Der nächste
Versuch, die Schwierigkeit zu lösen, besteht darin, daß
man jene Vorfrage, ob in dem Wesen Gottes bestimmte
Attribute enthalten sein können, entschieden verneint
und den Begriff des 'ens absolute indeterminatum mit
aller Strenge festhält. Gott hat in Wahrheit keine Attri=
bute, diese sind nicht Realitäten in Gott, sondern Vor=
stellungs= und Auffassungsweisen des Verstandes, der
ohne Prädikate nicht zu urteilen, ohne Eigenschaften
Gott nicht zu erkennen vermag, daher genötigt ist, ihn
unter verschiedenen Attributen zu denken.» «Es ist
Johann Eduard Erdmann, der nach dem Vorgange Hegels
diese so begründete Ansicht vertritt.» «Setzen wir Erd=
manns Erklärung in ihre volle Kraft, so gelten die Attri=
bute als bloße Erkenntnisformen, an welche der Verstand
in seiner Auffassung Gottes gebunden ist, sie sind nicht
eigentlich Eigenschaften Gottes, sondern bloß Prädikate,
welche der Verstand Gott zuschreiben muß, sie sind not=
wendige Prädikate. Dann ist unmöglich, daß der Verstand
ohne diese Erkenntnisformen, d. h. ohne diese Prädikate
und ohne alle Prädikate Gott jemals vorzustellen vermag,
es ist unmöglich, daß er den eigenschaftslosen Gott
(Gottes Wesen, wie es ist) erkennt, unmöglich, daß Gott
als «ens absolute inderminatum» jemals ein Erkenntnis=
objekt ausmacht, wie es Spinoza lehrt und nach Erdmann
dargestellt behauptet, daß dieser Begriff den allein wahren
Sinn seiner Lehre ausmacht. Ist der attributlose Gott das
allein wahre Objekt unserer Erkenntnis, so können die
Attribute nicht notwendige, also auch nicht bloße Er=

kenntnisformen sein und es darf in der Lehre Spinozas überhaupt von keinem ens absolute indeterminatum geredet werden, es sei denn, daß es für das unerkenn= bare Ding an sich gilt, womit der handgreifliche Wider= spruch nicht gelöst, sondern nur verändert wäre. Gelten aber die Attribute für notwendige Erkenntnisformen und muß der Verstand, wie Erdmann will, Gott in oder unter Attributen denken, so muß auch Gott diese Attribute haben und seine notwendige Erkenntnisart darf von seinem notwendigen Wirken und Sein nicht getrennt werden.»

Die Ausdrücke Cogitatio und Extensio hat Spinoza von Cartesius genommen, bei welchem sie aber die Be= deutung von Substanzen haben, welche einander entgegen= gesetzt sind. Bei Spinoza sind sie Attribute, welche in der Substanz sich finden. Er benützte die damals ge= läufigen philosophischen Termini, denen er eine andere Bedeutung gab, und zwar die, welche in der Kabbalah ihre Ausprägung finden.

Die Frage, ob die Attribute Realitäten oder Er= kenntnisformen sind, findet ihre Lösung darin, daß Spinoza selber ein Schwanken darüber bekundet, bald der einen, bald der anderen Ansicht sich zuneigt. Dieses geht daraus hervor, wenn man seine These mit den Aus= führungen der früher angeführten Kabbalisten vergleicht. Denn zwischen der Lehre der Ethik und der der obigen Ansichten sind auffallende Ähnlichkeiten vorhanden. Auch die Zwiespältigkeit der Behauptungen spiegelt sich beim Verfasser der Ethik wider. Die Definition «Per attributum intelligo id quod intellectus de substantia

percepit tanquam ejusdem essentiam constituens» ent=
spricht der Darstellung Rekanatis.

באמת בב׳׳רא ית׳ אין לו שום שנוי ולא יוצדק בו דבר
ממשיגי הגשמות ח׳׳ו וכל מה שמדדו בספר מרכבה לא אמרו
בב׳׳רא ממש אלא בספירות.

Die Sätze «Deus sive substantia constans infinitis
attributis ect.» und «Deus sive omnia attributa sunt
aeterna» korrespondieren mit der Meinung des Ver=
fassers des «Magen David».

אין חילוף השמות או מנין הספירות מחויב רבוי בבורא ית׳
חלילה. כי׳ובן בהוראת שאר הספירות ובנויהן זה אינו כ׳׳א חילוף
הבחנית בהצטרף אל פעולות מתחלפות.

An einer anderen Stelle schließt sich der Verfasser
der Ethik noch mehr der letzten Ansicht an. Er gibt
eine Erklärung der Attribute in ihrem Verhältnis zur
Substanz und meint, daß die ersteren nur so anzusehen
sind, als seien sie nur verschiedene Bezeichnungen für
denselben Gegenstand. In einem Beispiel werden die Be=
nennungen des dritten Patriarchen angeführt, sie lauten
Jakob und Israel, welche wirklich nur einer einzigen
bestimmten Person zukommen. Aber auch in der Polemik
Fischers gegen Erdmann wird die Schwierigkeit des Pro=
blems nicht behoben. Weder Erdmann noch Fischer haben
die Frage gelöst. Es scheint, daß Spinoza selber über
dieselbe, die er sich vielleicht vorgelegt hat, keine ent=
scheidende Meinung sich gebildet hat, sonst würde er
sie in seiner sonst gründlichen, ausführlichen Art be=
handelt haben. Es ist die Vermutung nicht abzuweisen,

daß der Verfasser der Ethik sich eine Meinung im Sinne der vermittelnden Ansicht Cordoveros nach dem Diktum des Sohar: וּבְגִין דְאַנְתְּ מַלֵּנוּ כו׳ «weil Du intern bist» etc. gebildet hat. Die Attribute sind nicht außer Gott, auch nicht in Gott, sondern die Einheit beider ist so aufzu= fassen, als wenn Gott, der die Attribute hervorgebracht, quasi in ihnen ist, wie das Wasser, welches in Krügen die von verschiedenen Farben sind, sich befindet.

הַמַּיִם אֲשֶׁר הֵם מִתְחַלְּקִים אֶל הַכֵּלִים וְהַמַּיִם מְשׁוּנִים בְּגַוְנָם זֶה לָבָן כו׳. הַמַּאֲצִיל הֵם הַמַּיִם פְּשׁוּטִים מִכָּל שִׁנּוּי וּמִכָּל פְּעוּלָה.

Dieser Ansicht dürfte vielleicht die 6. Definition ent= sprechen: «Per Deum intelligo ens absolute infinitum, hoc est, substantiam constantem infinitis attributis quorum unumquodque aeternam et infinitam essentiam exprimit.» Der Umstand, daß den Sephirot oder Attributen in der Kabbalah eine gewisse Zahl zugeschrieben wird, hat not= wendig, wie oben bemerkt wurde, die Frage aufgeworfen, wie kann das unteilbare Wesen, der En Sof, unter einer Zahl begriffen werden?

בַּבּוֹרֵא לֹא יוּצְדַּק מִנְיָן וְאִם כֵּן אֵיךְ אָנוּ אוֹמְרִים עֶשֶׂר.

Aber noch schwieriger erscheint dieses Moment gegenüber dem Grundsatze, daß der En Sof unbe= schränkt ist. Außer den Objekten, bei denen die Eigen= schaften der gezählten Sephirot Anwendung finden, gibt es viele Objekte, bei denen andere Merkmale wahr= nehmbar sind. Hat Gott auf diese, die doch nicht von den Sephirot abgeleitet werden können, keine Ingerenz? Wie ist dann die Unbeschränktheit und Kraftfülle Gottes zu begreifen?

Dieselben Schwierigkeiten bieten sich in dem System der Ethik dar. Es gibt nur zwei Attribute, Denken und Ausdehnung, cogitatio und extensio. Alles Seiende sei durch diese erkennbar. Nun gibt es Dinge, die außer diesen beiden begriffen werden. Wie kann die Substanz die Ursache derselben sein? Wenn sie aber durch etwas anderes als durch diese beiden bestehen, da hört die Substanz auf, die Ursache derselben und der Inbegriff alles Seins zu sein.

In der kabbalistischen Lehre wird die Schwierigkeit damit zu beheben gesucht, indem man statuiert, daß von den numerisch bestimmten Attributen, Sephirot, oder Urmomenten, Strahlen ausgehen, welche die Natur derselben behalten und die die Wesenheit aller Daseinsdinge bilden. Die sichtbare Welt in ihrer ewigen Mannigfaltigkeit und ihrem ewigen Flusse ist die Erscheinungsform dieser Ausstrahlungen, Funken oder Lichter. Sie werden auch als Helioreflexe und ניצוצין bezeichnet. In Traktat מסכת הניצוצין משנת חסידים werden sie die Nieten der Gefäße נסרי כלים genannt. Aber in dem großen Kommentar des R. Abraham ben Dior ראב״ד zum Buche des Erschaffens ספר יצירה werden sogar diese Lichter oder Strahlen mit Zahlen angegeben. Da heißt es:

מל״ב נתיבות פליאות החכמה נבעו שלש מאות ושבעים
ושמונה מיני אורות והאורים ההם היו רצים ושבים כדמות מריצת
כסף חי באש.

«Aus den zweiunddreißig Geheimpfaden der «Weisheit» strömen dreihundertachtundsiebzig Lichter hervor und diese laufen (im Universum) hin und her wie das

Quecksilber im Feuer.» Was von der Sephira «Weisheit»
חכמה «Denken» gilt, das dürfte auch von den übrigen
Sephirot gelten. Ebenso dürfte es sich mit der Lösung
dieser Schwierigkeit im System der Ethik verhalten. In
derselben werden drei Momente gegeben. 1. Die Sub‹
stanz, 2. die Attribute, und ein drittes, das ist der Modus
oder die Modi. Was ist ein Modus? In der Ethik I,
Definition V wird er so erklärt: «Per modum intelligo
substantiae affectiones, sive id quod in alio est, per
quod etiam concipitur.» «Unter Modus verstehe ich die
Affektionen der Substanz, oder das, was in einem anderen
ist, durch welches es auch begriffen wird.» Die Modi sind
Modifikationen oder Akzidenzen der Substanz. Wenn die
Substanz das Grundwesen ist, so sind die Modi die Eigen‹
schaften derselben. Als Eigenschaften werden aber die
Attribute «Denken» und «Ausdehnung» angegeben. Wie
können die Modi wiederum Eigenschaften sein? Die
Antwort würde nach der Ethik lauten: Die Attribute
drücken die Eigenschaften Gottes auf eine *unendliche*
Weise, die Modi auf eine *endliche* Weise aus, sie sind
«certi et determinati». Die Modi sind Dinge, welche von
einem anderen hervorgebracht werden und heißen causati.
Die Ideen sind die Modi des Attributes «Denken» und
die Körper sind die Modi des Attributes «Ausdehnung».
Die Modi folgen aber aus den Attributen, von denen
es mehr als zwei gibt. Die zwei sind nur solche, welche
vom menschlichen Verstand begriffen werden. Die Modi
sind zwar beschränkt, aber als von diesen oder von anderen
Attributen herkommend sind sie auch notwendig und in
gewissem Sinne unendlich. Beide aber, Attribute und

Modi, als herrührend von demselben Urpunkte, kommen vor Gott, denn ohne Gott oder die Substanz können sie nicht sein, denn Gott allein ist der Inbegriff alles Seins. Dieses drücken folgende Sätze der Ethik I, Propos. XXII bis XXIV und Schol. aus. Quidquid ex alio Dei attributo, quatenus modificatum est tali modificatione quae et necessario et infinita per idem existit, sequitur, debet quoque et necessario et infinitum existere. Omnis modus qui et necessario et infinitus existit necessario sequi debuit vel ex absoluta natura alicuius attributi Dei, vel ex aliquo attributo modificato modificatione quae et necessario et infinita existit. Coroll. Hinc sequitur. Deum non tantum esse causam, ut res incipiant existere: sed etiam, ut in existendo perserverent sive (ut termino scholastico utar) Deum esse causam essendi rerum.

«Alles, was aus *einem anderen* Attribute Gottes folgt, inwiefern es durch eine solche Modifikation modifiziert wird, die eben dadurch sowohl notwendiger= als unendlicherweise da ist, muß auch notwendiger= und unendlicherweise da sein. Jeder Modus, welcher notwendiger= und unendlicherweise da ist, müßte notwendig folgen entweder aus der unbeschränkten Natur irgend= eines Attributes oder aus irgendeinem Attribute, das durch eine absoluter= und unendlicherweise daseiende Modifikation modifiziert wird. Hieraus folgt, daß Gott nicht bloß die Ursache ist, daß die Dinge anfangen da zu sein, sondern daß sie im Dasein beharren, oder (um einen scholastischen Ausdruck zu gebrauchen) Gott ist die Ursache des Daseins der Dinge.»

Kuno Fischer wollte behaupten, daß nach der Ethik es zahllose Attribute gibt (Spinoza, S. 377). Man soll unter infinita attributa *unendlich viele* verstehen und er konstatierte sogar, daß man die Gleichung aufstellen könnte: «Deus sive omnia attributa.» Dieses soll aus dem 65. Brief an Spinoza und aus dessen Antwort im 66. Brief erschlossen werden. Aber aus diesen Dokumenten ist dieses durchaus nicht zu entnehmen, vielmehr geht aus denselben hervor, daß der Fragende wie der Antwortende von *mehreren* und nicht von zahllosen Attributen reden. Der Fragende (der Tschirnhausen sein soll) schreibt: Num scilicet nos plura de Deo attributa quam cogitationem extensionemque possemus cognoscere. Poro num inde sequatur, creaturas aliis constantes attributis nullam posse concipere extensionem? «Ob wir nämlich von Gott mehr Attribute als Denken und Ausdehnung erkennen, ob daraus gefolgert werden kann, daß Geschöpfe, die aus anderen Attributen bestehen, keine Ausdehnung begreifen können.» In der Antwort heißt es: An ergo tot mundi constituendi sint quod dantur attributa, vide schl., prop. 7, ethices pars 2. «Ob es also so viele Welten als es Attribute gibt, siehe Scholion zum 7. Lehrsatz, Ethik, II. Teil.» In diesem Scholion heißt es aber nicht, daß es zahllose oder unendlich viele oder alle Attribute, sondern unendliche Attribute gibt, d. h., daß die *vielen* oder die zwei unendlicher Natur sind. «Et idem de alliis attributis intelligo. Quare rerum ut in se sunt Deus revera est causa quatenus infinitis constat attributis.» «Und so verstehe ich es auch bei den anderen Attributen. Darum ist Gott die Ursache der Dinge, wie sie in sich sind, insoferne er aus *unendlichen Attributen besteht.*» Wie und was die anderen Attribute sind, erklären die Ethik und der Brief nicht, weil in beiden nur von den Hauptattributen, welche für den menschlichen Verstand erkennbar sind, cogitatio und extensio, ausgegangen wird. Die *anderen* Attribute gehören zur Kategorie derjenigen, welche den vielen Dingen zukommen.

In der Kabbalah gibt es eine *Azilut=Theorie* אצילות. Diese besteht darin, daß in derselben gelehrt wird, daß zwischen der Substanz = dem En Sof und den einzelnen Dingen des Universums Mittelursachen vorhanden sind, durch welche die Dinge hervorgebracht wurden, deren Verursacher aber das höchste Wesen, nämlich der En Sof, Gott selbst ist. Man wollte diese Azilut=Theorie als eine strikte Emanationslehre ansehen. Dieses ist aber durchaus nicht der Fall. Eine Emanation im eigentlichen unbestrittenen Sinne ist die Azilut=Theorie nicht. Das Wort אצל bedeutet im Hebräischen absondern.

(Genesis 36, 27)   הלא אצלת לי ברכה

/   Du hast mir einen Segen abgesondert.

(Numeri 17, 11)   ואצלתי מן הרוח

       Und ich sonderte vom Geiste ab.

(Numeri 25, 11)   ויאצל מן הרוח

       Und er sonderte vom Geiste ab.

(Ezechiel 6, 42)   נאצל מן התהתונית

       Abgesondert von den Untern.

(Ecclesiastes 1, 2)   לא אצלתי מהם

       Ich habe von ihnen nicht abgesondert.

Fließen würde hebräisch heißen:

זָרַם, דָב, זוּב, נָגַר, נָזַל, זָלַג,

Strömen:

נָהַר, זָרַם.

Das Azilut bedeutet demnach Absonderung, der Absonderer heißt מַאֲצִיל und das Abgesonderte נֶאֱצָל. Das Geschehen dieses Vorganges heißt אֲצִילוּת.

Die Kabbalahlehrer sind in der Auffassung dieses Geschehens nicht einer übereinstimmenden Meinung. Nach einigen geschieht das Azilut in allen Nuancen vom En-Sof selbst, nach anderen sind einige Sephirot in absteigender Linie die Absondernden der anderen. Aber nach jeder dieser Meinung sind alle Sephirot von der Substanz erschaffene Attribute, und die Sephirot können ohne Gott nicht entstanden sein und können ohne Gott nicht bestehen. Eine ähnliche Auffassung der Attribute findet sich auch in der Ethik, wenn auch die ontologische Darstellung der Gedanken daselbst eine andere ist.

In der Idra de Nazir heißt es:

תנא עתיקא דעתיקא טמירא דטמירא עד לא זמין תקוני מלכא
ועטרוי עטרין שרותא וסיומא לא הוה והוה מגליף ומשער ביה
ופרים קמיה חד פרסא ובה גליף שעור מלכין ואתקין בתקנוהי
ותקנוהי לא אתקיימו כו' עד דאנח להו ואצני להו לבתר זמנא הוה
אסתלק בההוא פרסא ואתקן בתקונוהי.

«Es wurde vorgetragen: Bevor der Alte der Alten (d. h. der En Sof), der Verborgene der Verborgenen die Gestalt der Könige (das sind die Sephirot) hervorgebracht hat, da waren Gnade und Recht nicht vorhanden. Da hat er in sie ein Zeichen gemacht und einen Vorhang vorgezogen (d. h. er hat sie verborgen) und zeichnete in sie die Umrisse der Könige, (d. h. der Weisheit und des Verstandes) und errichtete sie mit seiner Gestalt, sie konnten aber nicht bestehen. Da ließ er sie vorläufig zurücktreten und verbarg sie. Nachher zog er sich zurück, nahm den Vorhang weg und errichtete sie mit seiner Gestalt.»

Der Kabbalist R. Asriel gibt nach der Mitteilung des R. Jehuda Chaajat im Minchat Jehuda, Blatt 9 b, folgende Darstellung der Sephirot:

דע כל נקודה באה בג' קוטרים ארך ורהב ועמק, וכשתכב זה בזה בדרך מספר מרובע הג' עושות ט' ועם המקום הסובל הם עשר.

«Wisse, daß jeder Punkt drei Momente hat, Länge, Breite und Tiefe. Wenn du sie miteinander multiplizierst, so ist die Summe neun. Diese neun und der Ort, an dem sie sich befinden, bilden zusammen zehn.»

R. Josef Karo (der Verfasser des Schulchan Aruch) schreibt nach der Mitteilung des Moses Cordovero (Pardes Runonim, V. Pforte, C. 3) wie folgt:

הא אתינא לאידעא לך קושטא דמלתא ורזא דרזין אלו למנדע דכד סליק רעוא דרעיין עתיקא דעתיקין אין סוף למברי עלמין בטש מניה חד בטישו ונהיר חד נהירו דאיהו כלל תלת וכדאמרין רבנן ונקודא הדא איהו כלילא תלת אורכא ורחבא ועמוקא והכי ההיא נהירו הוה חד וכלילן ביה תלת דאינין כתר חכמה בינה. לבתר כל חד מהני תלת בטש מינה נהורו חד דאיהו כליל תרי חכמה בטיש מיניה נהורו חד דאיהו כליל תרין דאיהו חסד ונצח ועם חכמה גופא הוד תלת ובינה נמי בטיש מיניה חד נהורו דאיהו כליל תלת דאיהו תי"מ תפארת יסוד מלכות דבגין דאיה קריב טפי לאין סוף ודמי ליה דהא נמי איהו נעלם טובא בגוונא דאין סוף בו ומלכות נפיק מבתר.

«Ich komme, die Wahrheit der Sache bekanntzugeben und die Geheimnisse der Geheimnisse. Als der

Wille in dem Willen des Alten der Alten (d. i. der En=Sof),
aufstieg die Welten zu erschaffen, da sonderte sich von
ihm eine Absonderung ab und es leuchtete ein Licht auf,
welches in sich drei enthielt. Wie die Lehrer sagen vom
Punkt, welcher drei (Momente) enthält, Länge, Breite und
Tiefe, so war dieses Licht eins, in ihm waren drei ent=
halten, und zwar Krone, Weisheit und Verstand. Nachher
sonderten sich von einem jedem dieser drei Lichter je eins,
welches zwei enthielt. Von der Weisheit sonderten sich
Gnade und Sieg, mit der Weisheit selber zusammen sind
es drei. Von dem Verstand sonderten sich zwei Lichter,
und zwar Stärke und Pracht, mit dem Verstand selber
zusammen sind es drei. Von der Krone sonderten sich
drei Lichter ab, und zwar Herrlichkeit, Grund und das
Reich, weil sie (die Krone) nahe dem En Sof ist und
ihm sehr ähnlich und ebenso verborgen ist. Darum sind
der abgesonderten Lichter drei. Das Reich ging von der
Krone aus.» Cordovero drückt seine eigene Ansicht
(ibidem C. 4) folgendermaßen aus:

קודם אצילת הנאצלים היה האין סוף הפשוט בתכלית
הפשטות נעלם תכלית ההעלם ולא היתה האלקות מתחלקת
אל זלתו והסדר ההוויות אשר על ידם קצת גללי רמזות אחרותו
לא הוה והיו הספירות בכוחם נעלמים בו בכוחו במציאות דק
ונעלם כאשר ראוי אל אחדותו. ונמשיל משל נאה אל אבן חלמיש
שמוציא ממנה האש על ידי הכאת הברזל בה. ומן האש יצא ברק.
האש ההוא נעלם בתוך האבן ומיוחד בו יחוד אמיתי וחזק באופן
שאון בין האבן והאש שבתוכה חלוק ופירוד כלל. כן הדבר בעצם
האלקות הפשוט קודם התפשטו לנהל התחתונים.

«Vor der Absonderung der Absonderungen (Ema=
nation) war der En Sof der Einfachste in der absoluten

Einfachheit, der Verborgene in absoluter Verborgenheit.
Und seine Göttlichkeit war niemandem offenbar aus
Mangel an Vorhandensein von Wesen, denen seine er=
habene Einzigkeit bekannt gemacht werden könnte. Und
die Sephirot waren in ihrer Kraft in seiner Wesenheit
subtil verborgen, wie es für seine Einzigkeit entsprechend
ist ect. Es wundere sich aber niemand in seinem Herzen
darüber, daß wir sagten: sie waren in ihm verborgen,
und man beeile sich nicht zu erwidern: es geht also daraus
hervor, daß die Sephirot längst in ihm waren, daraus ist
ja notwendig eine Vielheit und eine Veränderung (Gottes)
zu folgern. Solches wäre keine Frage der Weisen, sondern
eine oberflächliche Blödigkeit des Verstandes. Denn wenn
wir auch sagten daß die Sephirot in ihm (Gott) verborgen
waren, so meinen wir nicht, daß die Sephirot wirklich so
waren, wie sie jetzt sind, sondern sie waren in wahrer
Einheit vereinigt etc. Wir wollen dieses durch ein passendes
Beispiel mit dem Kieselstein vergleichen, von welchem
durch das Schlagen des Eisens Feuer hervorgebracht wird,
von dem wiederum der Strahl hervorgeht. In Wahrheit
kann doch nicht gesagt werden, daß das Feuer wirklich
sich im Stein befand und daß der Stein in viele Teile
sich teilte, je nach den Teilen der Funken, die aus ihm
hervorblitzten, sondern das Feuer war verborgen im Stein
und mit ihm vereinigt in absoluter Vereinigung, so daß
zwischen Stein und Feuer kein Unterschied und keine
Trennung waren. So verhält es sich betreffs der göttlichen
Wesenheit (Substanz), welche einfach war, bevor sie sich
ausgedehnt hat, die unteren Wesen zu leiten. Die Sephirot
waren miteinander vereinigt und alle in seiner (Gottes)

Substanz unzertrennlich vereinigt, so daß fast der Name Sephirot nicht stattfinden kann, sondern nur absolute Einheit und diese Einheit und diese Subtilität das ist die Quelle der in ihm verborgenen Sephirot, welche ebenso Lauterkeit genannt werden, von denen sich noch andere Lauterkeiten absonderten, welchen damals noch nicht der Name Lauterkeiten zukam etc. Als es aber sein einfacher Wille war, seine Göttlichkeit bekanntzu‹ geben und mit seinen verborgenen Eigenschaften anderen Gutes zu erweisen, brachte er das Nichtsein zum Dasein und sonderte von seinem einfachen Lichte die erste Sephira hervor, welche כתר Kether, die Krone, genannt wird.»

In der Ethik wird ausdrücklich zwischen unmittel‹ baren und mittelbaren Ursachen unterschieden. An der Spitze aller Betrachtung steht die Substanz, darauf folgen die einzelnen Dinge, diese sind Hervorbringungen Gottes oder der Substanz, denn er (Gott) ist der innewohnende Grund ihres Daseins und Bestehens. Von der Substanz gehen zuerst zwei Hauptattribute, Denken und Ausdeh‹ nung, aus. Aus diesen folgen die Modifikationen, aus den Modifikationen entstehen die Dinge des Universums. Außerdem gibt es, wie wir gezeigt haben, noch andere unbekannte Attribute und notwenig andere unbekannte Modifikationen. Die Attribute sind unendlicher Natur. Ein Unendliches setzt notwendig ein Endliches voraus, sonst kann es ja nicht begriffen werden. Die Modifika‹ tionen sind von unbeschränkter Beschaffenheit, sie setzen notwendig beschränkte voraus, denn das Unbeschränkte kann nur durch den Gedanken des Beschränkten gefaßt werden. Das Endliche kann aber aus dem Unendlichen

nicht folgen, sowie das Beschränkte aus dem Unbe=
schränkten nicht hervorgehen. Es müssen daher ver=
mittelnde Ursachen zwischen dem Unendlichen und End=
lichen (d. h. zwischen der Substanz und den einzelnen
Erscheinungen) statuiert werden, welche in absteigender
Linie den Zusammenhang zwischen beiden herstellen.
Dieses spricht die Ethik I in dem Appendix zur Pro=
pos. XXXVI gelegentlich ausdrücklich aus. Daselbst
heißt es: «Nam ut ex propositionibus 21, 22 et 23 con=
stat, ille effectus perfectissimus est, qui a Deo immediate
producitur et quo pluribus aliquid causis intermediis in=
diget ut producatur, eo imperfectius est.»

«Denn so erhellt aus den Lehrsätzen 21, 22 und 23,
daß diejenige Wirkung die vollkommenste ist, welche
von Gott unmittelbar hervorgebracht wird, und daß etwas
um so unvollkommener ist, je mehr es *vermittelnder*
Ursachen bedarf, um hervorgebracht zu werden.» Zwi=
schen der Lehre der Kabbalisten und der der Ethik ist
eine Verwandtschaft wahrzunehmen. Die Behauptung
ille effectus perfectissimus est qui a Deo immediate
producitur erinnert an die Mitteilung

עתיקא דעתיקא כו' גליף שעור מלכין ואתקן בתקנוהי כו'
ובתר זמנא אסתלק בההיא פרסא ואתקן בתקנוהי. Die Könige
wurden unmittelbar vom En=Sof hervorgebracht.

Die Lehre et quo pluribus aliquid causis in=
termediis indiget ut producatur eo imperfectius est,
entspricht der Darstellung des R. Josef Karo von der
Absonderung der anderen Lichter von den ersten
Lichtern.

כל חד מהני תלת בטש מינה נהורו חד דאיהו בליל תרי.

Die aufgezählten wurden mittelbar vom En=Sof hervor=
gebracht.

Man hat sich gewöhnt, die Sätze Spinozas, besonders
die in der Ethik als Orakel anzusehen. Jedes Wort
wird wie bei der Egeria mit peinlichster Aufmerksamkeit
als Offenbarung betrachtet. Infolgedessen ist jedes Wenn
oder Aber ein Um und ein Auf zu einem Quell von
eigenen philosophischen Mitteilungen gemacht worden.
Was gelegentlich geäußert wird, wird als ein neuer *Lehr=
begriff* aufgefaßt, den er angeblich aufs neue in sein
System einführt. Dem ist aber durchaus nicht so. Spi=
noza hat seine Lehrmeinungen und Lehrsätze zwar dog=
matisch aufgestellt, aber er sucht sie, da er sie förmlich
feierlich als Kundgebungen des Geistes verkündet, so
weit als möglich durch Beweise zu erhärten. Er bringt
diese Beweise wirklich nicht sparsam, sondern vielmehr
sehr ausführlich an. Zuweilen ergeht er sich in
Wiederholungen, die geradezu überflüssig sind und
ermüdend wirken. Es ist eine Überfülle von zu=
weilen selbstverständlichen Demonstrationen vorhanden.
Es geschieht dieses offenbar, damit selbst der minder=
gebildete, aber philosophisch denkende Leser seine
Theorie verstehe. Aber wo Spinoza *gelegentlich* Lehren
mitteilt, ohne sie zu beweisen, da ist zu konsta=
tieren, daß diese nicht *seine eigenen Erfindungen* sind.
Sie sind die Meinungen anderer, die er als bekannte
voraussetzt und welche er sich angeeignet hat. Denn
wenn sie solche sind, mit denen er nicht übereinstimmt,
so erwähnt er ihre Autoren und polemisiert gegen sie.

Bei den vermittelnden Ursachen zwischen der unend=
lichen Substanz, den unendlichen Attributen und den
endlichen Dingen des Universums hat er die Ansicht
der kabbalistischen Doktrin akzeptiert. Er setzt die Be=
kanntschaft derselben beim Leser voraus, denn er be=
wegt sich in betreff der ontologischen Auffassung der
Substanz und der Attribute sowie der Wirkungen der=
selben durchaus im Fahrwasser der Kabbalahlehren. Daß
er sich manchmal über manche Kabbalisten und ihre
Meinungen abfällig geäußert hat, beweist absolut nicht,
daß er die ontologische Auffassung der Kabbalahlehren
verworfen hat. Die wegwerfenden Bemerkungen gelten,
wie bereits dargetan wurde, den exegetischen Erklärungen
der Bibel, welche in צירוף אותיות ושמות Namenskon=
traktionen bestehen, die dem Autor des theologisch=
politischen Traktates nicht zusagten. Die Kabbalah=
doktrin über die Substanz, welche in den Kreisen, in
denen der Verfasser der Ethik seine geistigen Wurzeln
hatte, als die höchste und allein mögliche *theosophische*
und *philosophische* Spekulation (im Gegensatze zur
peripatetischen Philosophie) galt, war für ihn eine
eminent maßgebende. Dieses ist im Auge zu be=
halten bei der Lehre Spinozas über die Beziehung
der Substanz zum Weltall, denn diese Doktrin kann
ihre Ähnlichkeit mit der Lehre der Kabbalah nicht ver=
leugnen.

Über das Verhältnis Gottes zum Universum stellt
die Kabbalah die Lehre auf, daß Gott nicht bloß das
Weltall hervorgebracht hat, sondern daß er auch durch
die Schöpfung sich geoffenbart hat und immerwährend

als Schöpfer in derselben durch sein Wesen verharrt.
Die Sephirot oder die *hervorgebrachten* Attribute, in
denen die Substanz ist, sind auch der Inbegriff alles
möglichen und wirklichen Seins. Das erfaßbare immaterielle
und materielle Sein ist die Natur oder das Universum.
Die Attribute und die Welt sind nicht mit einem Male
geworden, sondern sukzessive wurden sie vom Urwesen,
vom En Sof, ins Dasein durch seinen Willen gebracht.
Die gegenwärtige Welt ist eine Schöpfung Gottes, welcher
viele Schöpfungen Gottes vorangegangen sind. Es be-
durfte einer Reihe von Entwicklungen, die von Gott
gewollt waren, bis das Universum in seiner jetzigen
Gestalt erschaffen wurde. Aber auch die Sephirot sind
nicht in der Reihenfolge, wie sie jetzt sind, von jeher
gewesen. Auch sie wurden in verschiedener Weise zur
Existenz gebracht.

Beide aber, die Attribute und das Universum,
konnten erst in die Existenz treten, nachdem Gott
der Verhüllte der Verhüllten, der Verborgene der Verborgenen durch seinen Willen aus seiner Verhülltheit
und Verborgenheit herausgetreten ist und eine *himmlische Gestalt* angenommen hat, wodurch das Werden
der Sephirot und der Welt erst ermöglicht wurde. Deshalb sind beide gleichsam nur als die Gewänder Gottes
anzusehen. Gott hat die Natur an sein Wesen geknüpft
und sie an sein Sein gebunden.

Ähnliche Gedanken sind in der Ethik vorhanden.
Nur wird dort diese Ideenreihe durch eine abstruse und,
wie es scheint, absichtlich undeutliche und unklar ge-
haltene Darstellungsart dargetan.

Nach der Kabbalahlehre trat Gott, wie erwähnt, aus seiner Verborgenheit heraus und bildete einen Punkt. Von diesem heißt es:

«Der unteilbare Punkt, welcher keine Begrenzung hatte und wegen seiner Lauterkeit und seines Leuchtens nicht erfaßt werden konnte, verbreitete sich und bildete ein Strahlen, welches dann als ein Kleid des Punktes wurde. Obschon dieses Strahlen nicht so klar wie der unteilbare Punkt war, so konnte man es doch wegen seines grenzenlosen Lichtes nicht anschauen, es verbreitete sich auch nach außen und diese Verbreitung wurde seine Hülle. So entsteht alles durch eine immerwährende Bewegung und durch dieses alles ist das Entstehen der Welt geworden.» Von dem sukzessiven Hervortreten der Sephirot und von der der Schöpfung vorangegangenen Welt berichtet die bereits erwähnte Stelle:

«Bevor Gott der Alte der Alten, der Verborgene der Verborgenen die Gestalten der Könige (Sephirot) bereitete, gab es keine Grenze und kein Ende etc. Er machte einen Vorhang und zeichnete in ihn diese Könige, sie konnten aber nicht bestehen, bis er zu ihnen herabgestiegen war und sich für sie verhüllte.» Die Ur-Könige sind nach der Lehre der Kabbalisten die Welten, welche der jetzigen vorangegangen sind, die deshalb nicht bestehen konnten, weil Gott noch nicht fortwährend in ihnen war, weil er noch nicht die Gestalt geschaffen hat, wodurch er in dem Universum gegenwärtig ist. Darum mußten diese Welten verschwinden. Im Sohar, Teil III, Blatt 61 heißt es:

עד דלא ברא הקבה האי עלמא הוי בארי עלמין והחריב לון.

«Bevor Gott diese Welt geschaffen hat, erschuf er Welten und zerstörte sie. «Sie waren sprühenden Funken zu vergleichen, welche nach allen Seiten zerstieben.» Sohar III, Blatt 292 b heißt es:

עלמין קדמאי בלא תקונא אתעבידו דלא הוה בתיקונא אקרי זיקין ניצוצין.

«Es gab alte Welten, die Funken genannt werden, sie waren gestaltlos und sind verschwunden, so wie der Eisenschmied, wenn er das Eisen schmiedet, nach allen Richtungen Funken hervorbrechen läßt. Die Funken sind die alten Welten, welche zerstört wurden, weil Gott der Werkmeister noch nicht in seinem Werke war.» Diese Gestalt oder die von Gott geschaffene Möglichkeit des Entstehens und Bestehens der Natur oder des Universums wird in der Kabbalah mit einer Wage verglichen und wird direkt מתקלא die Wage genannt. Von ihr heißt es im Sifra Dezniuta, C. I (3. Teil, Blatt 292?):

«Diese Wage hängt an einem Ort, welcher nicht ist; die gewogen werden sollen, sind noch nicht vorhanden. Sie hat keine andere Stütze als sich selbst, man kann sie nicht sehen und nicht fassen, was nicht ist, was da ist und was sein wird, alles trägt diese Wage und wird es tragen.» (Vgl. Frank, Die Kabbalah, S. 150, 152.)

Diese Darstellung erhält volleres Verständnis durch die erwähnte kabbalistische Mitteilung, daß bevor Gott das Universum erschaffen, er den Namen מי «Wer» hatte. Denn die Schöpfung heißt nach einer Äußerung des Propheten Jesajas „אלה" «diese». Damit die Welt bestehen kann, hat Gott seinen Namen „מי" mit der Schöpfung „אלה" zu einer Einheit vereinigt und den Namen אלהים

angenommen. Die Einheit ist aber keine vorübergehende, sondern eine immerwährende, d. h. solange Gott will, daß die Welt bestehen soll.

Im Sohar I, Blatt 2ᵃ

כמה דאשתתף מי באלה הכי היא שמא דאשתתף תדיר.

«Wie «mi» jetzt mit «Eleh» vereinigt wurde, so bleibt sie für immer vereinigt.» Gott hat sich mit der Natur aus eigener Entschließung, damit sie bestehen kann, unzertrennlich vereinigt und der Name «Elohim» als Name Gottes drückt diese Vereinigung aus. J . H . W . H. als Name Gottes drückt das Wesen Gottes als Sein, als Substanz außer dem Universum aus, während E·L·O·H·I·M· die Anwesenheit Gottes in der Natur zum Ausdrucke bringt.

Gott ist in der Natur und auch *außerhalb* der Natur, sowie der En-Sof in und auch außerhalb der Sephirot ist. Aus dem Allegorischen ins Abstrakte übertragen, soll damit gesagt werden, daß Gott *überall* ist. In den Sephirot ist er, damit das Universum durch seinen Willen in die Erscheinung treten soll, im Universum ist er deshalb, damit es bestehen kann. Er umgibt die Sephirot sowohl wie das Weltall, was eigentlich soviel bedeutet, daß die beiden ausschließlich in ihm sind, während er sowohl innerhalb derselben als auch außerhalb derselben ist, da er doch beide nach seinem Willen zerstören, verändern und auch ganz aufheben kann. Dieses dürfte auch der Sinn des Lehrsatzes im Midrasch Tanchuma sein:

הקב״ה מקומו של עולם ואין העולם מקומו.

«Der Heilige, gelobt sei er (Gott), ist der Ort der Welt, aber die Welt ist nicht sein Ort.»

Darauf hinzielend machen R. Josef Karo (und Chacham Zewi, Nr. 18) darauf aufmerksam, daß die hebräischen Buchstaben מי und אלה = אלהים (Gott) den Zahlenwert der Buchstaben הטבע (die Natur) 86 geben. —

אלהים בגמטריא הטבע. Die Termini Natura naturans, Natura naturata rühren von den Thomisten her. Jedoch hatten sie in ihren Systemen eine andere Bedeutung wie in der Ethik. Spinoza schreibt im Kurzen Traktat C. 8: «Unter der schaffenden Natur verstehen wir ein Wesen, das wir durch es selbst, ohne etwas anderes als es selbst klar und deutlich begreifen, welches Gott ist, gleichwie auch die *Thomisten* Gott darunter verstanden haben, nur daß ihre schaffende Natur ein Wesen außer allen Substanzen war.» Spinoza hat diese Ausdrücke, welche gebräuchlich waren, für seine Gedanken, welche mit denen der Kabbalah verwandt sind, verwendet.

Denn die Gedanken von der Anwesenheit Gottes in der Natur, wodurch beide *gleichsam* eine Einheit bilden, schwebten dem Verfasser der Ethik vor. Nur hat er sie in einer ontologischen, aber korrumpierten, seinen eigenen Ansichten widersprechenden Form zur Darstellung gebracht.

Im Scholion zur Propositio XXIX, P. I schreibt er: «Antequam ulterius pergam, hic quid nobis per *naturam naturantem* et quid per *natura naturatam* intelligendum est explicare volo vel potius monere. Nam ex antecedentibus jam constare existimo, nempe, quod per naturam naturantem

nobis intelligendum est id quod in se est et per se con=
cipitur, sive talia substantiae attributa quae aeternam et in=
finitam essentiam exprimunt hoc est Deus, quatenus ut
causa libera consideratur. Per naturatam autem intellego id
omne quod ex necessitate Dei naturae sive uniuscuiusque
Dei attribitorum sequitur, hoc est, omnes Dei attribu=
torum modos quatenus considerantur ut res quae in Deo
sunt et quae sine Deo nec esse nec concipi possunt.»

«Bevor ich weiter schreite, will ich hier erklären oder
vielmehr erinnern, was bei uns unter wirkender Natur
(naturende Natur) und was unter bewirkter Natur (ge=
naturte Natur) zu verstehen ist, denn ich glaube, aus dem
Vorangegangenen ist schon hervorgegangen, daß wir
unter wirkender Natur bei uns das verstehen, was in
sich ist und aus sich begriffen wird, oder solche Attribute
der Substanz, welche ewiges und unendliches Wesen
ausdrücken, d. h. Gott, insofern er als freie Ursache be=
trachtet wird. Unter bewirkter Natur verstehe ich alles,
was aus der Notwendigkeit der Natur Gottes oder eines
jeden göttlichen Attributes erfolgt, d. h. alle Modi der
Attribute Gottes, insofern sie als Dinge betrachtet werden,
welche in Gott sind und ohne Gott weder sein, noch
begriffen werden können.» (Die Übersetzung ist nach
Auerbach.)

Daraus folgt die Spinozistische Formel «Deus sive
natura», «Gott oder die Natur».

Ferner heißt es Propositio XXXII: «Voluntas non
potest vocari causa libera sed tantum necessaria.» «Der
Wille kann nicht eine freie, sondern bloß eine notwen=
dige Ursache genannt werden.»

Propositio XXXIII: «Res nullo alio modo, neque alio ordine a Deo produci potuerunt, quam producatae sunt.» «Die Dinge könnten auf keine andere Weise und in keiner anderen Ordnung von Gott hervorgebracht werden, als sie hervorgebracht wurden.»

Propositio XXXIV: «Dei potentia est ipsa ipsius essentia.» «Die Macht Gottes ist seine Wesenheit selber.»

Die Satzhälfte «Per naturam naturantem nobis intelligendum est id quod in se est et per se concipitur sine talia substantiae attributa quae aeternam et infinitam essentiam exprimunt hoc est Deus quatenus ut causa libera consideratur» entspricht der Soharmitteilung:

בשעתא דסתימא דכל סתימין בעא לאתגליא עבד ברישא
נקודה חדא ודא סליק למהוי מחשבה עמיק וסתים בשמא וקרי מ״י.

Der Nachsatz «Per naturatam autem intelligo id omne quod ex necessitate Dei naturae, sine Dei attributorum sequitur», soll den Soharworten

כעא לאתגליא וברא אל״ה וסליק אלה בשמא אתחברין
אתוון אלין באלין ואשתלים בשמא אלהי״ם.

parallel sein. Aber hier tritt bereits der Kontrast zwischen Spinoza und dem Sohar hervor. Bei letzterem ist die Hervorbringung des Weltalls ein freier Willensakt des Verborgenen der Verborgenen, bei ersterem ist die bewirkte Natur eine Erscheinung, welche durch Notwendigkeit geworden ist. Während in der Kabbalah der Wille Gottes alles beherrscht, stellt die Ethik die Willensfreiheit überhaupt in Abrede: «Voluntas non potest vocari causa libera sed necessaria.» Damit setzt sich Spinoza nicht nur in Widerspruch mit der Lehre des jüdischen Glaubens, sondern auch *mit sich selber*. In der Propositio XVII heißt es:

«Deus ex solis suae naturae legibus et nemine co= actus agit.»

«Gott handelt nur nach den Gesetzen seiner Natur und von niemand gezwungen.»

Im Scholion schreibt er: «Um auch vom Verstand und Willen, welche man Gott gewöhnlich zuschreibt, hier etwas zu sagen, so muß, wenn nämlich Verstand und Willen zu dem ewigen Wesen Gottes gehören, unter beiden Attributen gewiß etwas anderes verstanden wer= den, als was Menschen gewöhnlich darunter verstehen, denn Verstand und Wille, welche das Wesen Gottes aus= machen, müßten von unserem Verstand und Willen himmelweit verschieden sein und könnten nur dem Namen nach damit übereinkommen, nicht anders nämlich, als der Hund das himmlische Sternbild und der Hund das bellende Tier miteinander übereinkommen.» (Die Übersetzung ist nach Auerbach.) Hier läßt er einen Willen Gottes gelten, nur muß derselbe als etwas Er= habenes betrachtet werden. Hingegen in der 32. Pro= position will er den Willen Gott vollständig aberkennen. Spinoza hat den kabbalistischen Gedanken, daß Gott sich mit der Natur vereinigt hat oder daß Gott in und außer= halb der Natur ist, *umgebogen* und die Natur als not= wendige Folge der Natur Gottes bezeichnet, wobei der göttliche Wille nicht in Betracht kommt. Hiemit hat der Verfasser der Ethik das Band zwischen sich und den Lehren der Kabbalah sowie den Anhängern der Re= ligion hinsichtlich der Schöpfungslehre zerrissen.

Der Mensch.

Nach der Lehre der Kabbalah ist der Mensch der Mittelpunkt des Weltalls, das ganze Universum findet seine Vollendung erst in ihm. Er ist nicht nur irdischer, sondern auf Erden schon zugleich geistiger Natur, weshalb er schon hienieden einen Einfluß auf die überirdische, geistige Welt hat. Dieses wird durch die Wesenheit der Sephirot erhärtet. Die Sephirot, obwohl als individualistisch gedacht, bilden dennoch in Wirklichkeit eine unzertrennliche Einheit. Jede einzelne ist nicht nur von einer anderen, sondern alle sind von allen abhängig. Da der Mensch das letzte Glied in der Kette der sephirotischen Welt ist, so steht er, wenn auch in teilweise mittelbarer, aber quasi doch in unmittelbarer wirklicher Verbindung mit dem höchsten Glied der Kette und ist demnach demselben gleichwertig. Überhaupt werden die Konstellationen der Sephirot nicht bloß gradatim von oben nach unten, sondern auch von unten nach oben gedacht, so, daß die letzte Sephira Malchut «Reich», zu welcher der Mensch gehört, mit der ersten «Kether» Krone in direkte Berührung kommt. Schon vor der irdischen Geburt des Menschen ist seine Idee bereits vorhanden und mit seinem körperlichen Erscheinen nimmt diese Idee als Gestalt die Form des Körpers an. Die Seele ist die Idee des Körpers, sie bildet mit ihm zeitweilig eine Einheit. Nach Auflösung des Körpers kehrt die Seele als früher schon vorhanden gewesene Idee desselben in den Quell des Urgeistes zurück. Der Körper ist aber auch für die konkrete Anschauung die Idee der Seele, weil er, derselben sephiroten Sphäre angehörend, mit ihr doch, wenn auch nur vorübergehend, eine Einheit bildet.

Ähnliche Gedanken finden sich in ontologisch=mathematischer Darstellung in der Ethik.

Den Menschen speziell betreffend heißt es im Sohar, 3. Teil, Blatt 48a und 2. Teil, Blatt 70b:

כיון דברא אדם אתתקן כלא כל מה דלעילא ותתא וכלא
יתכליל באדם איהו שלימותא דכלא. אדם דלעילא בתר דאתגליא
מלתא מגו סתימא עלאה.קדמאה ברא אדם לתתא.

«Der Mensch ist zugleich der Inhalt und die höchste Stufe der Schöpfung, deswegen wurde er auch am sechsten Tage geschaffen. Sobald der Mensch geschaffen wurde, war alles vollendet, sowohl die obere als die untere Welt, denn alles ist im Menschen enthalten. — Als die obere Menschengestalt aus der Verborgenheit enthüllt wurde, wurde als Abbild der Mensch unten geschaffen.»

Im Pardes, Pforte 6, C. 3 heißt es:

זו ענין הספירות כי כולם בתוך האין סוף ממ״ה ובתוך הכתר
החכמה ובתוך החכמה הבינה ובתוך הבינה החסד ובתוך החסד
גבורה ובתוך הגבורה תפארת ובתוך הת״ת נצח ובתוך נצח הוד
ובתוך ההוד היסוד ובתוך היסוד המלכות ובתוך המלכות
הבריאה כו׳.

«Das ist das Verhältnis der Sephirot, denn alle sind sie im En Sof, dem König der Könige, und in der Krone ist die Weisheit, in der Weisheit der Verstand, in dem Verstande die Gnade, in der Gnade die Stärke, in der Stärke die Herrlichkeit, in der Herrlichkeit der Sieg, in dem Siege die Pracht, in der Pracht der Grund, in dem

Grunde das Reich, in dem Reiche die Schöpfung etc.»
In Pforte 15, C. 1 daselbst heißt es:

כי הספירות כמו שהם ממעלה למטה בסדרן כתר חכמה
בינה כו' כך הם ממטה למעלה כו' כיצד כתר במלכות והחכמה
ביסוד ובינה בהוד כו' ומלכות בכתר וכדי שלא יקשה ענין זה
בעיני המשכיל נמשיל לו משל נאה והוא כדמיון ניצין השמש
המתפשט ממקורו ומכה במראה הלטושה אז אורו מתהפך וחוזר
אל מקורו כו' כדמיון האור כן דמיון האצילות כו' כי האור עושה
מצבו במלכות וחוזר אל מקורו עד הכתר ושם מצבו. וזהי נעיץ
סופן בתחילתן ותחילתן בסופן. כי כתר שורה במלכות ומלכות
בכתר עד שנעשה אור לאור והכל נעיץ סוף בראש וראש בסוף
וזה סוד האור הישר וזה בסוד האור המתהפך.

«Die Sephirot gehen in absteigender Ordnung:
Krone, Weisheit, Verstand etc. Ebenso gehen sie in auf-
steigender Ordnung, und zwar: die Krone ist im Reich,
die Weisheit im Grund, der Verstand in der Pracht etc.
und das Reich in der Krone.

Damit dieses dem Denker nicht schwierig erscheine,
will ich ein passendes Beispiel aufstellen. Dieses ist dem
Strahl der Sonne zu vergleichen, der sich von seiner
Quelle ausbreitet und an einen glattgeschliffenen Spiegel
ankommt, so reflektiert sich sein Licht und kehrt zu
seiner Quelle zurück etc. So ähnlich verhält es sich mit
dem Licht des Azilut etc. Das Licht hat seinen Standpunkt im Reich, reflektiert, d. h. der Strahl wird zurück-
geworfen, kehrt zur Krone zurück und nimmt dort
seinen Standpunkt ein. Das ist es, wenn es heißt: Ihr
Ende steckt in ihrem Anfang und ihr Anfang in ihrem
Ende. Denn die Krone berührt sich mit dem Reich

und das Reich mit der Krone, bis Licht zum Lichte
wird. Und das ist das Mysterium des geraden Lichtes
und das Mysterium des reflektierten Lichtes.» Was spe=
ziell den Menschen betrifft, heißt es im Sohar, Teil 2,
Blatt 76 a:

אדם מהו! אי תימא דאינו אלא עור ובשר עצמות וגידים!
לאו הכי דהא ודאי באדם לאו איהו נשמתא. ואלין דקאמר עור ובשר
עצמות וגידים כלהו לאו הוו אלא מלבושא כלחודוי. מאנין אינון
דבר נש ולאו אינון אדם. וכל אינון עצמות וגידים כלהו ברזא
דחכמתא עלאה כגוונא דלעילא. עור כגוונא יריעות דכתיב נוטה
שמים כיריעה אתפשטותא דשמיא דאיהו מלבושא דלבר. עצמות
וגידים אינן רתיכין. ורזא דאדם לתתא ברזא דלעילא.

«Was ist der Mensch? Ist er bloß Haut, Fleisch,
Knochen und Adern? So verhält es sich nicht. Der
wahre Mensch ist die Seele und die Dinge, welche wir
genannt haben, die Haut, das Fleisch, die Knochen und
die Adern, sind bloß ein Gewand, eine Hülle, sind aber
nicht der Mensch. Wenn der Mensch weggeht, entkleidet
er sich dieser Hüllen, die er angezogen hat. Doch sind
*diese Körperteile nach dem Geheimnis der höchsten Weis=
heit.* Die Haut stellt das Firmament dar, das sich überall
erstreckt und alles bedeckt gleich einem Gewande, das
Fleisch erinnert an die schlechte Seite der Welt, an das
sinnliche Element, die Knochen und Adern sind ein Bild
des himmlischen Wagens, die inneren Kräfte sind die
Diener Gottes. Das sind aber nur die Gewänder, denn
im Innern ist das tiefe Geheimnis des *himmlischen
Menschen.*» Die Verbindung von Körper und Seele stellt
der Sohar, 3. Teil, Blatt 104 a folgendermaßen dar:

שעתא דזווגא אשתכח לתתא שדר קב"ה חד דיוקנא כפרצופא
דבר נש רשימא חקיקא בצולמא וקיימא על האי זווגא ואילמלי
איתיהב רשו לעינא למחדי חמי ב"נ על רישיה חד צולמא רשימא
כפרצופא דב"נ ובהאי צולמא אתברי בר נש ועד דקיימא ההיא
צלם אודמן לקבליה עד דנפיק למעלא. בההיא צלם אתברי בההיא
צלם אזיל כי בשעתא דאינון רוחין נפקן מאתרייהו כל חדא
ורוחא אתתקן קמי מלכא קדישא בתקוני יקר בפרצופא דקאים
בהאי עלמא.

«Bei der Entstehung des Menschen hienieden sendet
Gott eine menschenähnliche Gestalt, welche das Gepräge
des göttlichen Stempels hat. Diese Gestalt ist bei der
Entstehung gegenwärtig und wenn das Auge zu sehen
die Erlaubnis hätte, so würde man über seinem Kopfe
ein Bild sehen, welches die Gestalt eines Menschen-
antlitzes hat, nach diesem Bilde geht unsere Entstehung
vor sich etc. Dieses Bild empfängt uns, wenn wir in die
Welt kommen, es entwickelt sich mit uns, wenn wir
wachsen, es begleitet uns, wenn wir von der Erde weg-
gehen. Dieses Bild ist ein himmlisches Wesen. Zur Zeit,
als die Seelen ihre himmlische Wohnung verlassen, da
erscheint eine jede vor Gott, in eine erhabene Gestalt
gekleidet, mit den Zügen, in denen sie auf Erden erscheinen sollen.» A. Frank bemerkt (Die Kabbalah, S. 170),
daß die Kabbalisten dieses Bild יחידה das «individuelle
Prinzip» nennen.

In der Terminologie der Ethik aber ist darunter,
unserer Meinung nach, nichts anderes als die *Idee des
Körpers* zu verstehen. Diesen Ansichten der Kabbalah
gegenüber nimmt die Ethik teilweise eine zustimmende,
teilweise eine ablehnende Stellung ein.

Ethik II, Propos. IX. Demonstratio. Idea rei sin=
gularis actu existentis modus singularis cogitandi est et
a reliquis distinctus adeoque Deum quatenus est tantum
res cogitans pro causa habet. At non quatenus est res ab=
solute cogitans sed quatenus alio cogitandi modo affectus
consideratur, et huius etiam quatenus alio affectus est, et
sic in infinitum etc.

«Die Idee des in der Wirklichkeit daseienden Dinges
ist eine von den übrigen verschiedene und einzelne Daseins=
weise des Dinges, also hat sie Gott zur Ursache, insofern
er nur ein denkendes Wesen ist. Aber nicht, insofern er
ein *absolut* denkendes Wesen ist, sondern insofern er als
von einer anderen Weise des Denkens affiziert angesehen
wird und auch diese, insofern er von einer andern affi=
ziert ist und so ins Unendliche.»

Propos. XI: Primum, quod actuale mentis humanae
esse constituit, nihil aliud est, quam idea rei alicuius sin=
gularis actu existentis.

Scholion: Hinc sequitur mentem humanam partem
esse infiniti intellectus Dei. Ac proinde quum dicimus
mentem humanam hoc vel illud percipere nihil aliud
dicimus, quam quod Deus, non quatenus infinitus est,
sed quatenus per uduram humanae mentis explicatur, sive
quatenus humanae mentis essentiam constituit hanc vel
illam habet ideam etc.

«Elfter Lehrsatz: Das erste, was das wirkliche Sein
des menschlichen Geistes ausmacht, ist nichts anderes als
die Idee eines in der Wirklichkeit vorhandenen Dinges.

Folgesatz: Hieraus folgt, daß der menschliche Geist
ein Teil des unendlichen göttlichen Verstandes ist. Wenn

wir demnach sagen, der menschliche Geist faßt dieses oder jenes auf, sagen wir nichts anderes, als daß Gott, nicht insofern er unendlich ist, sondern insofern er durch die Natur des menschlichen Geistes 'ausgedrückt wird oder insofern er das Wesen dés menschlichen Geistes aus= macht, diese oder jene Idee hat.»

Über die Vorzüglichkeit des menschlichen Geistes, seine Überlegenheit über die anderen Naturdinge heißt es in der Ethik II, im Scholion zur Proposition XIII: Autem nec etiam negare possumus, ideas inter se ut ipsae obiecta differe, unamque alia praestantiarum esse plusque realitis continere prout obiectum unius obiecto alterius praestantius est plusque realitis continet; ac pro= pterea ad determinandum quid mens humana reliquis intersit quidque reliquis praestet necesse nobis est eius obiecti, ut diximus, hoc est, corporis humani naturam cognoscere.

«Doch können wir nicht leugnen, daß die Ideen untereinander wie die Objekte selbst verschieden sind und daß die eine vorzüglicher ist únd mehr Realität enthält als die andere, je nachdem das Objekt der einen vorzüglicher ist und mehr Realität enthält als das der anderen. Um daher zu bestimmen, wodurch der mensch= liche Geist sich von den übrigen unterscheidet *und wo= durch er höher steht als die übrigen*, müssen wir die Natur des Objektes, d. h. des menschlichen Körpers er= kennen.»

Hingegen heißt es im Appendix zu pars I:

Imo ipsum Deum omni aad certum aliquem finem dirigere, per certo statunt (dicunt) enim Deum omnia propter hominem fecisse hominem autem ut ipsum colert.

«Die Menschen stellen als gewiß auf, daß selbst Gott alles zu einem gewissen bestimmten Zwecke lenke, denn sie sagen, Gott habe alles des Menschen wegen gemacht, den Menschen aber, damit dieser ihn anbete.»

Die Verwandtschaft zwischen der Ethik und der kabbalistischen Lehre sowie ihre gegenseitigen Abweichungen sind in diesen Sätzen enthalten.

Der äußerliche Nexus der Wesen in der Ethik entspricht dem Ineinandergreifen der Sephirot in der Kabbalah.

Daß die Seele die Idee des Körpers ist und mit ihm eine Vereinigung bildet, korrespondiert mit der Darstellung der Kabbalah von der idealen und konkreten Vereinigung von Leib und Seele. Die vorzügliche Stellung des menschlichen Geistes im Kreise der übrigen Naturdinge bei Spinoza findet in der Kabbalistenlehre von der Position des Menschen im Universum ein Pendant. Jedoch opponiert die Ethik der Ansicht, daß der Mensch der alleinige, ausschließliche Zweck der Schöpfung und des Weltalls ist.

Die Seele.

Über das Wesen der Seele und die Unsterblichkeit derselben sind in der Kabbalah folgende Momente vorhanden: «Sie besteht gleichsam aus einer dreifachen Beschaffenheit: aus der נשמה, dem Geist, aus רוח, dem idealen Element des Lebens, und aus נפש, einem minder abstrakten, unkörperlichen Element, welches direkt mit dem irdischen Köper verbunden ist, oder, deutlicher ausgedrückt, aus reinem, abstraktem Geist, aus dem Leben

und aus den Sinnen. Diese drei Momente bilden die
Einheit der Seele. Diese Einheit ist während des Waltens
des Menschen auf der Erde eine unzertrennliche. Nach
dem Tode desselben geschieht in ihnen eine Veränderung.»
Diese Einheit stellt der Sohar, 1. Teil, Blatt 51ᵃ und 83ᵇ
folgendermaßen dar: II. Prsch. Pekude:

ת״ח מאן דבעי למנדע חכמתא דיחודא קדישא יסתכל
בשלהובא או מגו בוציגא דדליק דהא שלהובא לא סלקא אלא כד
אתאחד במלה גסה. ת״ח בשלהובא דסלקא אית תרין נהורין. חד
נהורא חוורא וחד נהורא דאתאחיד בה אוכמא או תכלא דאיהי
כרסייא להדוא חוורא. וההוא נהורא חוורא שארי עליה ואתאחדו
דא בדא למהוי כלא חד. והא נהורא אוכמא או גוון תכלא דאיהו
לתתא היא כרסיא דיקר להדוא חוורא כו׳.

«Wer da eine Einsicht in die heilige Einheit haben
will, betrachte eine Flamme, die aus einer Kohlenglut
oder einer brennenden Lampe aufsteigt. Er sieht zuerst
zweierlei Licht, ein hellweißes und ein schwarzes oder
blaues, das weiße Licht ist *oben* und erhebt sich in
gerader Linie, das blaue oder schwarze Licht ist *unten*
und scheint der Stuhl des ersten zu sein. Beide sind
demnach so eng miteinander verbunden, daß sie nur
eine einzige Flamme bilden. Der Stuhl aber, den das
schwarze oder blaue Licht bildet, ist wieder mit der
brennenden Materie verbunden, die noch *unter ihm* ist.
Das weiße Licht wechselt nie seine Farbe, es bleibt
immer weiß, in dem Lichte aber, das unter ihm ist,
nimmt man mehrere Abstufungen wahr. Das untere
Licht nimmt ferner zwei entgegengesetzte Richtungen
ein, es ist oben mit dem weißen Lichte und unten mit

der brennenden Materie verbunden, diese verzehrt sich immer selbst und es selbst steigt immer zum oberen Lichte auf. So geht alles in die Einheit über.»

Ausführlicher ergeht sich der Sohar über die Bedeutung der drei Momente der Seele, welche eine unzertrennliche Einheit bilden, im 2. Teile, Blatt 142ᵃ, daselbst heißt es:

תלת שמהן אקרי נשמתא דבר נש, נפשא, רוחא, ונשמתא.
וכלהו כלילן דא בדא ותלת דוכתי אשתכח חיליהו כו׳. נפש לית
לה נהורא מגרמה כלום ודא איהו דמשתתפא ברוזא דגופא חד
לאענגא ולמיזן ליה בכל מה דאצטריך כד״א ותתן טרף לביתה
וחק לנערתיה. ביתה דא היא גופא דאיהי זנא לה רוח דא איהו
דרכיב על האי נפש ושליט עלה ונהר לה בכל מה דאצטריך.
נשמה איהי דאפיקת להא רוחא ושליטת עליה ונהירת ליה כו׳.

«In diesen dreien, dem Geiste, dem *minder abstrakten, idealen Leben* und den Sinnen, finden wir ein treues Bild von dem, was sich oben ereignet, denn alle drei machen nur ein einziges Wesen aus, wo alles in Einheit verbunden ist. Das Leben der Sinne hat gar kein Licht in sich selbst, darum ist es auch so nahe mit dem Körper verbunden, dem es Vergnügen und Nahrung verschafft, welche er nötig hat nach den Worten des Weisen. Sie gibt Nahrung ihrem Hause und Ordnung ihren Dienerinnen. Das Haus ist der Körper, der ernährt wird, und die Dienerinnen sind die Glieder des Körpers, welche die Befehle empfangen. Das getrübte, minder abstrakte Leben steht über die Sinne, welches die Sinne in ein Joch bringt und sie beherrscht und ihnen so viel Licht, als sie bedürfen, zuteil werden läßt. Über diesem

unabstrakten, getrübten Leben erhebt sich der Geist,
welcher dieses Leben beherrscht und welcher es mit dem
Daseinslichte erleuchtet. Das unabstrakte Leben ist vollständig von dem Geiste abhängig und wird von ihm
erhellt. Nach dem Tode hat der Ruach, das unabstrakte
Leben, keine Ruhe, die Pforten des Paradieses werden
ihm erst aufgetan, bis der Geist zu seiner Quelle hinauf-
gestiegen ist, zum Alten der Alten, um sich mit ihm
unaufhörlich zu erfüllen, denn der Geist steigt immer
zu seiner Quelle hinauf.»

Der Kabbalist Moses de Leon, dessen Verhältnis
zum Sohar hier nicht erörtert werden soll, schreibt in
seinem Buch נפש החכמה Nefesch Hachechama, Seite 2
und 3, über die Seele wie folgt:

סוד הנפש נחלק לשלשה חלקים מתיחדים באחדותם והם
נפש, רוח, נשמה כו'. האדם נתהווה מסוד מציואותו ית' והוא סוד
בריאה, יצירה, עשייה כו' סוד בריאה הוא קטן מסוד יצירה כי
יצירה עילה על ענין בריאה עשייה כולל את כולם. כו'. נפש הוא
קטן מסוד רוח כי הרוח עולה למעלה מסוד הנפש. נשמה
עולה על כולם. ועכשיו הנני נכנס בסוד בביאור הענינים בסוד
החכמה הפנימית יהו"ה. ונהר יוצא מעדן וגו'. הנפש כוה משותף
הרגשות הגוף בכל ענינים סבותיו בדם כו' הרוח הוא כוח המקיים
את הנפש להתקיים בגוף ובהמוט הרוח מן הנפש אזי סבת המות.
הנשמה הוא ענין השכל האמתי אשר ממקור החיים נהצבו.
ממעין השכל והחכמה כו'.

«Das Geheimnis der Seele teilt sich in drei Teile,
welche eine Einheit bilden, und zwar in Leben, Geist
und Seele. Die Philosophen unterscheiden hierin drei
Grade: die vegetabilische, die animalische und die in-

tellektuelle Seele. Aber auf dem Wege des Geheimnisses der Thora stellt sich dieser Gegenstand folgendermaßen dar: Höre und werde weise.» «Der Mensch entstand aus dem Geheimnis der Wesenheit Gottes, gelobt sei er, und das ist das Geheimnis von Leben, Geist und Seele. Dadurch unterscheidet sich der Mensch von allen anderen Geschöpfen. Glaube nicht, daß dieses leicht zu verstehen ist, bewahre! Dieses ist ein hoher und tiefer Gegenstand. Dieser kulminiert in dem Ausspruch Gottes: Alles, was ich zu meiner Ehre erschaffen habe, habe ich mit Leben versehen, gebildet und hervorgebracht; da sind das beriatische, das jeziratische und assiatische Prinzip. Das Prinzip Beriah ist kleiner als das Prinzip Jezirah, die Jezirah überragt die Beriah, Assiah umfaßt alle. Ebenso verhält es sich mit Nefesch Ruach und Neschamach, wo eines das andere überragt. Nefesch ist kleiner als Ruach, denn Ruach ist höher als Nefesch, Neschamah umfaßt alle. Und nun will ich in die Erklärung dieses Gegenstandes eintreten, in das innerste Geheimnis von J·H·W·H. «Nefesch wird der Essenz des Bestandes des Körpers beigelegt, allen Lebensäußerungen desselben und allen seinen Empfindungen. Seine Grundlage ist das Blut, wie es heißt, denn das Blut ist das Nefesch. Der Ruach, das ist die Kraft, welche das Nefesch erhält und ihm Bestand im Körper verleiht, denn das Nefesch kann nur durch die Kraft des Ruach bestehen und durch die Ursache des Ruach hat der Mensch Bestand; wenn der Ruach (der Geist) vom Nefesch weggeht, so tritt der Tod ein. Die Neschamah (die Seele), das ist ein Objekt des wahren Intellektes, welche aus dem Quell des

Lebens hervorgeht, aus dem Quell des Verstandes und der Weisheit. Sie kam, um ihre Residenz im Körper aufzuschlagen, um alles für den Dienst des Schöpfers herzustellen, um ihn des wahren Seins teilhaftig zu machen. Denn wisse, *der Mensch ist gleichsam wie Gott*, wie es heißt: Im Ebenbild Elohims schuf er den Menschen.»

Diesen Äußerungen gegenüber sind folgende Sätze der Ethik in Betracht zu ziehen:

Editio Bruder, S. 463—464. Pars V. Propositio XXIII. Demenstratio und Scholion. «Mens humana non potest cum corpere absolute destrui, sed aliquid remanet quod aeternum est. Demostratio. In Deo datur necessario con= ceptus seu ide, quae corporis humani essentiam exprimit; quae propterea aliquid necessario est quod ad essentiam mentis humanae pertinet etc. Erit necessario hoc aliquid, quod ad mentis essentiam pertinet, aeternum.

«Der menschliche Geist kann mit dem Körper nicht absolut vernichtet werden, sondern es bleibt etwas von ihm übrig, das ewig ist. Beweis. Es gibt notwendig einen Begriff oder eine Idee, die das Wesen des mensch= lichen Körpers ausdrückt, die deshalb notwendig etwas ist, das zum Wesen des menschlichen Körpers gehört. Wir legen aber dem menschlichen Geiste bloß insoferne eine Dauer bei, die durch die Zeit definiert werden kann, inwieferne er das wirkliche Dasein des Körpers ausdrückt und durch die Zeit bestimmt werden kann, d. h. wir legen ihm nur so lange Dauer bei, als der Körper dauert. Da es jedoch etwas gibt, was mit *ewiger* Notwendigkeit durch Gottes Wesen selbst begriffen wird (nach vorigem

21. Lehrsatz), so ist dieses Etwas, das zum Wesen des Geistes gehört, notwendig ewig.»

Anmerkung.

«Diese Idee, die das Wesen des Körpers unter der Form der Ewigkeit ausdrückt, ist, wie gesagt, eine gewisse Weise des Denkens, die zum Wesen des Geistes gehört und die notwendig ewig ist, demnach ist es unmöglich, daß *wir uns erinnern, vor dem Körper* da gewesen zu sein, da es ja in dem Körper keine Spuren davon gebe, noch die Ewigkeit durch die Zeit definiert werden, noch irgend eine Beziehung auf die Zeit haben kann. Und doch nehmen wir wahr und erfahren, daß der Geist ewig ist. Denn der Geist nimmt diejenigen Dinge, die er durch den Verstand begreift, nicht minder wahr als diejenigen, die er im Gedächtnisse hat. Denn die Augen des Geistes, womit er die Dinge sieht und beobachtet, sind eben die Beweise. Wenn wir uns daher auch nicht erinnern, vor dem Körper da gewesen zu sein, so nehmen wir doch wahr, daß unser Geist ewig ist, inwiefern er das Wesen des Körpers unter einer Form der Ewigkeit enthält und dieses sein Dasein nicht durch die Zeit de= finiert oder durch Dauer erklärt werden kann etc.»

Pars V. Propositio XL. Anmerkung:

«Quo unaquamque res plus perfectionis habet, eo magis agit et minus patitur, et contra quod magis agit eo perfectior est.»

«Je mehr Vollkommenheit jedes Ding hat, um so mehr ist es tätig und um so minder leidet es, und anderseits, je mehr es tätig ist, um so vollkommener ist es.

Folgesatz. Hieraus folgt, daß derjenige Teil des Geistes, *welcher übrig bleibt,* von welcher Größe er auch sein mag, vollkommener ist als der andere Teil, denn der ewige Teil des Geistes ist die Erkenntnis, durch welche allein wir tätig heißen, derjenige aber, den wir vergänglich zeigten, ist die Vorstellung selbst, durch welche allein wir leidend heißen.»

Anmerkung.

«Dieses ist es, was ich mir vorgenommen hatte, von dem Geiste darzutun, inwieferne er ohne Beziehung auf das Dasein des Körpers betrachtet wird. Hieraus (zusammengenommen mit Lehrsatz 21, Teil I und anderen Sätzen) erhellt, daß unser Geist als erkennender eine ewige Daseinsweise des Denkens ist, die von einer anderen ewigen Daseinsweise des Denkens bestimmt wird und diese wieder von einer anderen und so ins Unendliche fort, so daß alle zusammen Gottes ewige und unendliche Erkenntnis ausmachen.» Im Kurzen Traktat C. 23 (Übersetzung Auerbach) schreibt Spinoza: «Wenn sie (die Seele) aber mit etwas anderem, das unveränderlich ist und bleibt, sich vereinigt, wird sie dann auch mit demselben unveränderlich bleiben müssen. Denn wodurch sollte es möglich sein, daß sie vernichtet werden könnte? Nicht durch sich selbst, denn sowenig sie aus sich selbst zu sein damals anfangen konnte als sie noch nicht war, ebensowenig kann sie auch, wenn sie nun ist, sich weder verändern noch vergehen.» Am deutlichsten spricht Spinoza diesen Gedanken am Schlusse des Kurzen Traktates aus: «Ebenso wird aus diesem allem (sowie auch, weil unsere Seele mit Gott vereinigt und ein Teil der aus Gott unmittelbar entspringenden Vorstellung ist) sehr deutlich der Ursprung der klaren Erkenntnis und die Unsterb= lichkeit der Seele ersehen.»

In der Ethik werden mehrere Momente über die Beschaffenheit des menschlichen Geistes angegeben: die Idea corporis und die Idea mentis und die Idea rei. Es ist nicht leicht, ein klares Bild über die in derselben herrschende Ansicht zu gewinnen. Kuno Fischer gibt die Darstellung derselben in folgender Weise (Spinoza, S. 481, 483): «Der Geist soll nicht bloß die Idee des Körpers, sondern zugleich die seiner selbst sein. Er ist zugleich idea corporis und idea mentis. Da nun mens = idea cor= poris ist, so ist idea mentis = idea corporis. Weil der Geist idea corporis ist, darum soll er auch idea mentis (idea ideae corporis) sein. Als Idee seiner selbst ist der menschliche Geist selbstbewußt» usw.

«Der menschliche Geist ist die Idee eines wirklichen Dinges, jedes einzelne wirkliche Ding ist sowohl Körper als auch Geist; also ist die Idee dieses Dinges notwendig, die Idee sowohl des Körpers als auch des Geistes, also nicht bloß idea corporis, sondern auch idea mentis; mit= hin ist der menschliche Geist zugleich idea mentis oder Idee seiner selbst. Dieses folgt aus der Natur des mensch= lichen Geistes als einer idea rei. Man wende nicht ein, daß Spinoza die Worte res und corpus gleichbedeutend brauche. Hier wenigstens ist es offenbar nicht der Fall, sonst würde er nicht in erster Linie erklären, der Geist sei idea rei, und in zweiter, er sei idea corporis; hier hält er beide Begriffe wohl auseinander. Das Ding ist Idee und Körper, die Idee des Dinges ist daher die Idee so=

wohl der Idee (idea ideae), als auch des Körpers. Der menschliche Geist ist die Idee des menschlichen Körpers. Aber diese Idee folgt nicht aus dem Körper, sondern aus der Natur des Geistes. Der Körper ist das Objekt dieser Idee, nicht deren Ursache; diese letztere ist bloß der Geist, sofern er ein denkendes Wesen ist. Die idea corporis ist demnach ein Produkt (nicht des Körpers, sondern) bloß des Geistes, sie geht von ihm aus, sie wird von ihm erzeugt, sie ist sein Werk, also idea mentis. Wenn Spinoza ausdrücklich hervorheben wollte, daß die Idee des Körpers nicht durch den Körper, sondern durch den Geist bewirkt ist, wie konnte er anders tun, als die idea corporis zugleich als idea mentis erklären? In der «idea corporis» ist der Körper objektiver Genetiv, dagegen in der «idea mentis» der Geist subjektiver, was kraft des Denkens erzeugt wird, ist gedacht, was gedacht ist, objektiv. Die Produkte des Denkens sind zugleich seine Objekte, darum ist die idea corporis als ein Produkt des Geistes zugleich dessen Objekt. Daher ist der menschliche Geist eine Idee, deren Objekt die idea corporis ist, d. h. er ist die idea ideae corporis, also idea mentis oder die Idee seiner selbst. Dieses folgt aus der Natur des menschlichen Geistes als der idea corporis. In der Idee des Körpers ist der Körper ein objektiver Genetiv, in der Idee des Geistes ist der Geist sowohl subjektiver als auch objektiver. So folgt die idea mentis aus der Natur des menschlichen Geistes, sofern derselbe modus cogitandi, idea rei, idea corporis ist. Der Körper ist das Objekt der Idee, welche das Wesen des Geistes ausmacht, die Idee des Körpers ist zugleich Produkt und Objekt des Geistes. In der idea corporis ist der Körper das Objekt des Geistes, in der idea mentis ist der Geist sein eigenes Objekt; also ist die Idee des *Geistes* mit dem *Geiste* ebenso vereinigt als der Geist selbst mit dem Körper.»

Die in der Ethik konstatierten Phasen des menschlichen Geistes, welche doch in Wirklichkeit eine unzertrennliche Einheit bilden, werden verständlicher erscheinen, wenn man sie mit den Darstellungen der kabbalistischen Lehre vergleicht. Sie erscheinen deutlicher, wenn man annimmt, daß sie in ontologischer Weise das dartun, was im Sohar in allegorischer Form dargestellt wird. Alle drei Momente des menschlichen Geistes sind hier wie dort eine unzertrennliche Einheit, in welcher sie Phasen bilden. Sie sind der Flamme zu vergleichen, in welcher ein weißes, ein blaues Licht und der Stuhl bemerkbar sind, die ineinander greifen. Die idea corporis entspricht dem נפש, dem abstrakten animalischen Leben, die idea rei dem רוח, der getrübten geistigen Wesenheit, und die idea mentis der נשמה, dem reinen, denkenden Geist. Die Verwandtschaft der Theorie der Ethik mit den Lehren der Kabbalah tritt hier am eklatantesten hervor.

(Siehe Frank a. a. O. 180. Sohar, 2. Teil, Blatt 216ª, ויקהל 1. Teil, Blatt 66ª, נח. 2. Teil, Blatt 97ª, משפטים 1. Teil, Blatt 168ª, וישלח.)

Die drei Stufen der Erkenntnis.

Der Kabbalah ist die Bibel nicht bloß Gesetz und Führerin im Leben, sondern sie ist für sie der Ausdruck höchster allgemeiner Weisheit, sie ist der Inbegriff der göttlichen Intelligenz. Als Gott das Universum hervor= bringen wollte, da schaute er in die Thora und brachte danach das Weltall in die Erscheinung. Um aber die Bibel zu verstehen, genügt es nicht bloß, ihr Äußeres zu betrachten, sondern man muß in den inneren Geist der Schrift, d. h. in das Wesen *der Weisheit* eindringen. Und da unterscheidet die Kabbalah drei Stufen: eine oberflächliche Betrachtungsweise, eine tiefere Anschau= ung und das rein spirituelle Begreifen. Im Sohar, Teil 3, Blatt 152ᵇ, בהעלותק heißt es:

ר״ש אמר: ווי לההוא בר וש דאמר דהא אורייתא אתא
לאחזאה ספורין בעלמא ומלין דהדיוט דאי הכי אפילו בזמנא דא
אנן יכלין למעבד אורייתא במלין דהדיוטי ובשבחא יתיר מכלהו
כו׳. ת״ח אית לבושא דאתחזי לכלא ואינון טפשין כד המאן לבר
נש בלבושא דאתחזי לון שפירא לא מסתכלין יתיר חשיבו דהאי
לבושא גופא. חשובותא דגופא נשמתא. כו׳ הבימין עבדי דמלכא
עלאה דקיימו בטורא דסני אינין לא מסתכלין אלא בנשמתא דאיהי
עקרא דכלא אורייתא כו׳.

«Wehe dem Menschen, der da sagt, daß die Lehre gewöhnliche Erzählungen und alltägliche Worte liefern will, denn wenn es so wäre, so könnten wir auch in unserer Zeit eine Lehre in gewöhnlichen Worten verfassen, die noch weit mehr Lob verdienen könnte. Wenn sie gewöhnliche Worte liefern wollte, so brauchten wir nur den Gesetzgebern der Erde, bei denen man weit erhabenere Worte findet, zu folgen, um eine Lehre verfassen zu können. Wir müssen daher glauben, daß jedes Wort der Lehre einen erhabenen Sinn und ein höheres Geheimnis

in sich schließe. Die Erzählungen der Lehre sind das
Kleid der Lehrer, wehe demjenigen, der das Kleid für
die Lehre selbst hält etc. Es gibt Gebote, die man den
Körper der Lehre nennen könnte. Dieser Körper hüllt
sich in Kleider, welche die gewöhnlichen Erzählungen
sind. Die *Einfältigen* sehen nur auf das Kleid, mehr
wissen sie nicht. Die *Unterrichteten* aber sehen nicht
auf das Kleid, sondern auf das, was das Kleid einhüllt.
Die *Weisen* endlich, die Diener des höchsten Königs,
jene, welche an der Höhe des Sinai stehen, sehen *nur auf
die Seele,* welche die Wurzel alles Übrigen, welche die
Lehre selbst ist, und in der künftigen Welt sind sie
bestimmt, die Seele dieser Seele, welche in der Lehre
atmet, anzuschauen.»

Dieser Darstellung entsprechen die Stufen der Erkenntnis in der Ethik.

Die Ethik unterscheidet drei Gattungen mensch-
licher Erkenntnis: 1. Die oberflächliche Betrachtung.
2. Die durch *gewisse* Ideen adäquate gebildete Erkenntnis. 3. Die das unmittelbare Wissen bildende Erkenntnis. Im II. Teil, Propositio XL, Anmerkung 2
heißt es:

«Ex omnibus supra dictis clare apparet: 1. Ex sin-
gularibus nobis per sensus mutilate, confuse et sine ordine etc. 2. Ex signis, ex gr. ex eo quod auditis aut
lectis quibusdam verbis rerum recordemur etc. 3. Deni-
que ex eo, quod notiones communes rerumque pro-
prietatum ideas adaequatas habemus. Praeter haec duo
cognitionis genera datur, ut in sequentibus ostendam,
aliud tertium, quod scientiam intuitivam vocabimus etc.»

1. Anmerkung: «Aus allem oben Gesagten erhellt klar, daß wir vieles auffassen und allgemeine Begriffe bilden.

Aus dem Einzelnen, das uns durch die Sinne verstümmelt, verworren und ohne Ordnung für den Verstand dargestellt ist. Deshalb pflege ich solche Auffassungen eine Erkenntnis durch vage Erfahrungen zu nennen.

2. Aus Zeichen, z. B. daraus, daß wir uns beim Hören oder Lesen gewisser Worte der Dinge wieder erinnern und gewisse Ideen von ihnen bilden, ähnlich denen, durch welche wir die Dinge vorstellen. Diese beiden Arten, die Dinge anzusehen, werde ich in der Folge Erkenntnis der ersten Gattung, *Meinung* oder Vorstellung, nennen.

3. Endlich daraus, daß wir Gemeinbegriffe und adäquate Ideen der Eigenschaften der Dinge haben. Diese Art werde ich Vernunft oder Erkenntnis der zweiten Gattung nennen.

Außer diesen beiden Gattungen der Erkenntnis gibt es, wie ich im folgenden zeigen werde, eine andere dritte, welche wir das *intuitive Wissen* nennen, und diese Gattung des Erkennens schreitet von der adäquaten des formalen Wissens einiger Attribute Gottes bis zu der adäquaten Erkenntnis des Wesens der Dinge vor.»

Die erste Gattung in der Ethik entspricht der Ansicht derer im Sohar, welche die Erzählungen und Gesetze der Bibel wörtlich nehmen. Die zweite Gattung entspricht der Ansicht des *Unterrichteten*, welcher nicht auf das Kleid, sondern auf das, was es verhüllt, achtet. Die dritte Gattung endlich entspricht der Ansicht der

Weisen, welche auf die Seele der Thora schauen, welche die Wurzel alles Übrigen ist. Was die Kabbalah in orientalisch=allegorischer Form vorträgt, das lehrt die Ethik in mathematisch=ontologischer Weise.

Amor Dei intellectualis.

In der Kabbalah gibt es ein Moment von besonderer Eigenart und Eigentümlichkeit. Es nimmt eine im System hervorragende Stellung ein und es bildet den Höhepunkt der ganzen psychischen Betrachtungsweise und den ethischen Kernpunkt des ganzen kabbalistischen Systems. Dieses Moment wird mit besonderer Emphase und see= lischer Feierlichkeit vorgetragen, weil vorausgesetzt wird, daß dasselbe von den Eingeweihten als der Kulminations= punkt des ganzen mystischen Gebäudes und der kabba= listischen Theorie begriffen werden wird. Wenn dieses Moment nicht da wäre, so wären alle Gesetze, Vorschriften und Satzungen seelenlos, die dogmatischen und spiri= tuellen Aufstellungen der Kabbalah wären wie ein Körper ohne Geist. Dieses wäre aber doch im kabbalistischen System ein Widerspruch und widersinnig. Deshalb ver= wendet der Sohar alle glänzenden und prächtigen Farben für die Darstellung dieser Idee, deshalb legt die Ge= heimlehre ihr in himmlischen Allegorienstrahlen fun= kelndes Feierkleid an, um diese gewisse, unbestreitbare Tatsache zu illustrieren. Dieses Moment wird *die Liebe Gottes genannt.*

Sohar, 2. Teil, Blatt 216[a]:

אהבה שריא לבתר יראה מאן דפלח מגו אהבה אתדבק
באתר עלאה לעילא ואתדבק בקדושא דעלמא דאתי.

«Die Furcht führt auch zur Frömmigkeit. Gewiß hat derjenige, welcher Gott aus Liebe gehorcht, die höchste Stufe erreicht und gehört er schon der Heiligkeit des künftigen Lebens an. Glaube daher nicht, daß ein Gottesdienst aus Furcht kein Verdienst ist. Ein solcher Dienst hat auch seinen Wert, ist auch die Verbindung zwischen Seele und Gott eine geringere. *Es gibt nur eine Stufe, die erhabener als die Furcht ist, dieses ist die Liebe. Ja die Liebe ist das Geheimnis der Gotteseinheit.* Sie ist es, welche die höheren und niederen Stufen aneinander knüpft, sie erhebt alles auf jene Stufe, wo alles *Eins* sein muß. Dieses ist auch das Geheimnis der Worte: «Höre Israel, der Ewige unser Gott ist Ein Gott.»

Im Sohar, 2. Teil, Blatt 97ª heißt es:

בגו טנרא תקיפא רקיעא טמירא אית הכלא חדא דאקרא היכל אהבה.

«In einem der verborgensten und erhabensten Teile des Himmels ist eine Halle vorhanden, die man die *«Halle der Liebe»* nennt, dort sind die tiefsten Geheimnisse, dort sind die Seelen, die vom himmlischen König geliebt werden, dort weilt der himmlische König, der Heilige, gepriesen sei er, mit den heiligen Seelen und vereinigt sich mit denselben durch den Kuß der Liebe.»

In der Ethik ist das Moment als *«amor Dei intellectualis»*, die göttliche intellektuelle Liebe, *mit besonderem Nachdruck* dargestellt worden. Im V. Teil der Ethik, Propositio XXXV und XXXVI heißt es in einer eigenartigen, mystisch gehaltenen Fassung:

«Deus se ipsum amore intellectuali infinito amat.» «Mentis amor intellectualis erga Deum est ipse Dei amor quo Deus se ipsum amat, non quatenus infinitus est, sed quatenus per essentiam humanae mentis sub specie aeternitatis consideratam explicari potest, hoc est mentis erga Deum amor intellektualis pars est infinitis amoris quo Deus se ipsum amat.»

«Gott liebt sich selbst mit unendlicher intellectueller Liebe.» Propos. 36. «Die intellektuelle Liebe des Geistes zu Gott ist Gottes Liebe selbst, wonach Gott sich selber liebt, nicht sofern er unendlich ist, sondern insofern er als ein unter der Form der Ewigkeit betrachtetes Wesen *des menschlichen Geistes* expliziert werden kann, d. h. die individuelle Liebe des (menschlichen) Geistes zu Gott ist ein Teil der unendlichen Liebe, mit der Gott sich selbst liebt.» Anmerkung: «Hieraus erkennen wir deutlich, worin unser Heil oder unsere Glückseligkeit oder Freiheit besteht. Nämlich in der beständigen und ewigen Liebe zu Gott oder in der Liebe Gottes zu den Menschen. Diese Liebe oder Glückseligkeit wird in der *heiligen Schrift Ruhm* genannt und mit Recht etc. Ich glaube dieses hier bemerken zu müssen und an diesem Beispiel zu zeigen, wie viel die Erkenntnis der einzelnen Dinge, die ich die *intuitive* oder die dritte Gattung genannt habe, vermag, und daß sie mächtiger ist als die allgemeine Erkenntnis, die ich zur zweiten Gattung gerechnet habe.»

Der Zusammenhang zwischen der Ethik und der Kabbalah ist in diesen Sätzen eklatant. Der Satz: «Hieraus erkennen wir, worin unser Heil oder Glückseligkeit oder Freiheit besteht, nämlich in der beständigen und ewigen Liebe zu Gott», entspricht dem Satz des Sohar: «Wer aus Liebe dient, der erreicht die höchste Stufe und gehört schon der Heiligkeit des künftigen Lebens an.» Im Satz: «In der *heiligen Schrift* wird dieser «Ruhm» genannt und mit Recht», entspricht dem Satz des Sohar: «Sie ist es, welche die höheren und niederen Stufen aneinander knüpft, sie erhebt alles auf jene Stufe, wo alles Eins sein muß.» Dieses ist auch das Geheimnis der Worte: «Höre Israel, der Ewige unser Gott ist Ein Gott.» In dieser Gegenüberstellung ist die Verwandtschaft zwischen der Ethik und der Kabbalah dargetan. Was die Kab=balah in orientalisch=allegorischer Form vorträgt, das lehrt die Ethik in mathematisch=ontologischer Weise.

CPSIA information can be obtained at www.ICGtesting.com
Printed in the USA
BVOW01s1655141113

336332BV00007B/229/P